결혼한 자들에게 내가 명하노니

이성호

출판서 서문

먼저 지은이 이성호 목사님께서 머리말에서 언급하시는 내용 중 일부를 좀 더 정확히 말씀드려야겠습니다. 목사님은 자신의 결혼 생활을 겸손하게 말씀하셨습니다. 물론, 목사님의 결혼 생활을 그리스도인 가정의 표본이라고까지 말할 수는 없을지도 모르겠습니다. 하지만 광교장로교회로 온 몇몇 가정은 목사님 가정을 보고 교회를 최종선택했다고 말했습니다. 저를 포함해 광교장로교회에서 신앙생활하고 있는 많은 성도가 목사님 가정을 통해 그리스도인 가정의 기쁨과 행복을 보고, 자신들의 가정에서도 꿈을 꾸며 배워나갑니다. 목사님의 결혼 생활은 모범과 모델이 됩니다.

　이 책은 결혼에 관한 많은 책 중 하나가 아닙니다. 이 책처럼 성경의 원리와 순종과 실천이 밀접하게 연결된 책은 흔치 않습니다. 성경의 원리가 살아 움직이는 이야기도 흔치 않습니다. 네, 이 책은 삼위 하나님과 결혼의 관계가 신학적으로 얼마나 밀접하고 중요한지, 또 그 신학적 가르침이 신자의 결혼 생활에 실제 어떤 영향을 미치는지를 명쾌하게 보여 줍니다.

이 책은 결혼에 관한 모든 이야기를 다루지는 않습니다. 하지만, 결혼과 관련해 신앙생활에서 매우 중요하고, 많은 사람이 실제 다양하게 경험하는 주제를 실천적으로 다룹니다. 결혼이 점점 어려운 현실에서 결혼을 기피하는 현상, 세속적인 결혼 문화, 이혼과 재혼에 관한 가장 성경적인 가르침, 하나님께서 결혼 안에 의도하신 아름다운 목적과 달콤한 열매들, 삼위 하나님에 대한 계시와 관련된 부부의 질서, 교회와 결혼의 관계 등.

실제 광교장로교회에서는 결혼을 앞둔 사람들이 이러한 내용들을 충분히 이해하고 배울 수 있도록 가르치고 지도하고 있으며, 교회 전체가 그 과정을 함께 합니다. 결혼은 두 사람만의 잔치가 아닙니다. 결혼은 하나님께서 짝지어 주시는 것이며, 교회가 증인으로 함께 사는 것이며, 하나님을 더 알아가고, 더 사랑하고, 더 예배하는 여정입니다.

이 책을 통해 많은 가정이 하나님께서 만드신 결혼의 영광과 아름다움을 회복하고 맛보길 원합니다.

한재술 올림

들어가면서

결혼에 대한 주제로 책을 써 달라고 부탁받았을 때 처음에는 거절했습니다. 가장 큰 이유는 이 주제에 대한 좋은 책들이 이미 많이 출판되었기 때문입니다. 굳이 또 하나의 책을 더할 필요가 없다는 생각이 강하게 들었습니다. 제가 이 주제에 오랫동안 관심을 가졌고 강의도 많이 해왔지만, 책을 쓸 정도로 깊이 있는 식견을 가지고 있지는 못합니다. 더 나아가서 제가 다른 사람에 비해서 그렇게 모범적인 결혼 생활을 하고 있다고 생각하지 않습니다. 물론 저 자신은 아주 행복한 결혼 생활을 하고 있으며 아내로부터 깊은 사랑을 받고 있습니다. 하지만 이는 저 자신의 모습에 비해서 과분하다고 생각하고 있습니다.

이와 같은 부정적인 생각에도 불구하고 결국에는 이 책을 쓰기로 했습니다. 가장 큰 이유는 "그 책의 사람들"의 대표님이 우리 교회의 성도로서 목사인 저에게 간곡하게 부탁했기 때문입니다. 성도가 부탁하는데 목사로서 그것을 차마 거절할 수가 없었습니다. 비록 현재 제가 신학교에서 맡은 보직이 있어서 상당히 분주하여 부담스럽기는 하지만 하나님께서 도와주실 것을 소망하면서 책을 쓰기 시작하였습니다.

이 책을 쓰기 직전에 저는 우리 교회 청년들의 결혼 주례를 여러 번 할 기쁨을 누렸습니다. 그전에는 결혼하지 못한 청년들이 교회 안에 많아서 목사로서 늘 부담이 있었는데 주례를 통하여 부부가 되는 모습을 지켜보는 것은 개인적으로 큰 기쁨이었습니다. 결혼이 교리라면 결혼식은 그 교리의 적용이라고 할 수 있습니다. 결혼에 대한 올바른 가르침을 가르치는 것과 결혼식을 올바로 주례하는 것은 별개의 문제였습니다. 성경의 바른 교훈도 중요하지만, 그것을 구체적으로 어떻게 실현하는가도 그에 못지않게 중요한 문제였습니다.

최근 들어 결혼을 가볍게 생각하는 풍조가 교회 안에 물밀 듯이 들어오는 것도 제가 이 책을 쓰게 된 중요한 동기 중 하나입니다. 재작년(2018년)에 제가 속한 고신 총회에서는 "주례 없는 결혼식"에 대하여 고려신학대학원에 연구를 부탁했습니다. 그리고 작년(2019)에 보고서가 채택되었는데 그 초안을 제가 작성했습니다. 그때 저는 보고서를 만드는 일에 자원하였는데 무엇보다도 우리 교회를 위해서 꼭 필요한 작업이라고 보았기 때문입니다. 그 초안을 작성하면서 결혼과 결혼식에 대해 이전보다 훨씬 더 분명한 이해를 갖게 되었습니다.

오늘날 한국교회에서 결혼은 큰 위기를 맞고 있습니다. 교회 안에 결혼할 청년들이 줄어들고 있을 뿐 아니라 그 청년들마저 세상 청년들과 마찬가지로 결혼을 하지 않고 있습니다. 아니, 할 수 없는 상황에 놓여 있습니다. 또, 결혼하더라도 자녀를 가지려고 하지 않습니다. 그 결과 교회의 주일학교 학생들이 급격하게 줄어들고 있습니다. 이 문제를 해결하지 않으면 한국교회가 쇠망하는 것은 시간문제일 뿐입니다. (물론 주일학교 학생을 늘려야 하는 것이 결혼의 궁극적 목적은 아닙니다.) 청년들에게 결혼은 무거운 짐이 되고 있습니다. 그 짐을 청년들만 지게 해서는 안 됩니다. 최소한 교회가 그들을 위해서 무엇인가 해 주어야 합니다. 이것은 교회의 생존과 번영을 위해서 꼭 필요한 일입니다.

　저는 이 책에서 뭔가 새로운 것을 이야기하려고 하지 않았습니다. 제가 보기에 결혼에 관한 이야기가 많으면 많을수록 오히려 핵심이 흐려진다는 느낌을 많이 가집니다. 그래서 저는 이 책에서 최대한 단순명료하게 성경적 가르침을 전달하려고 노력했습니다. 또한 더 나아가 그것이 우리 신앙생활에 어떻게 구체적으로 적용될 것인지에 대해서도 정리해 보았습니다. 저는 이 책을 기본적으로 결혼식을 앞둔 청년들과 그들을 지도하는 교역자들을 위해 썼습니다. 이 책을 통해 청년들의 결혼이 더 튼튼해진다면 저자로서 그보다 큰 기쁨은 없을 것입니다.

이성호

목차

"결혼한 자들에게 내가 명하노니"

이성호 지음

To the married I give this command

1장

최초의 결혼: 둘이 한 몸이 됨

도대체 결혼이란 무엇인가?

결혼에 대해서 말하기 전에 우리가 알아야 할 가장 첫 번째 사실은 죄인된 인간은 결혼이 무엇인지 모른다는 것입니다. 하지만 안타깝게도 신자 대부분은 결혼이 무엇인지 이미 다 알고 있다고 생각하고 행동합니다. 그런데 정작 결혼이 무엇인지 물어보면 제대로 아는 신자들이 거의 없습니다. 이것은 앞으로 목사가 될 목사 후보생들도 예외가 아닙니다. 결혼을 앞둔 신학생들을 면담할 때 저는 종종 "결혼이 무엇이라고 생각하십니까?"라고 질문합니다. 그러면 학생 대부분은 상당히 당황합니다. 그 이유는 한 번도 이 문제를 진지하게 생각해 보지 않았기 때문입니다. 신학생들이 이 정도라면 다른 청년들도 마찬가지일 것입니다. 요즈음에는 결혼에 대한 최소한의 경건 서적도 거의 읽지 않고 결혼하는 것 같습니다.

성경의 가르침에 따라 우리는 인간의 전적 타락을 믿습니다. 전적 타락이란 우리의 지성과 감정과 의지가 모든 부분에서 오염되어 있다는 것을 의미합니다. 이것은 결혼에 대한 지식에도 적용될 수 있습니다. 결혼에 대한 지식이 없는 것은 아니지만 그 지식은 희미할 뿐 아니라 죄로 인해서 오염이 되어 있습니다. 이 사실을 인정해야 우리는 아주 겸손한 가운데 성경 속에서 진정한 결혼의 의미를 발견할 수 있습니다. 따라서 결혼에 대한 모든 논의는 하나님의 말씀인 성경에서 시작되어야 합니다.

결혼은 수학과 같은 논리적인 지식도 아니지만, 상담학과 같은 경험적 지식도 아닙니다. 결혼은 경험을 통해서 더 많이 알 수 있는 것이 아닙니다. 어떤 사람은 결혼한 사람이 결혼하지 않은 사람보다 결혼을 더 잘 알 수 있다고 생각합니다. 처음에 이 말을 들었을 때는 당연히 그럴 것이라고 여겨집니다. 그렇다면 결혼을 한 번 한 사람보다 두 번 한 사람이, 두 번 한 사람보다는 세 번 한 사람이 결혼을 더 잘 이해한다고 할 수 있을까요? 결혼이라는 것은 복이니까 많이 할수록 좋을 것일까요? 전혀 그렇지 않습니다.

신자들에게 결혼이란 그냥 하면 되는 것이 아닙니다. 결혼 생활을 하다 보면 결혼 생활의 의미를 저절로 알게 되는 것도 아닙니다. 오히려 결혼에 대한 오염된 이해만 증가할 수 있습니다. 오늘날 수많은 가정이 깨지는 궁극적인 이유 중 하나는 결혼이 무엇인지 잘 모르기 때문입니다. 부부가 결혼에 대해서 자기 소견에 옳은 대로 각자 다른 견해를 가지고 있기에 결혼의 하나됨을 유지하지 못하는 것입니다. 행복한 결혼을 위해서라도 각자의 소견을 버리고 성경을 통해서 결혼에 대한 가장 기초적인 가르침을 배워야 합니다.

최초의 결혼이 중요한 이유

저는 결혼에 관한 이야기를 '최초의 결혼'에서 시작하려고 합니다. 이 최초의 결혼은 결혼을 바르게 이해하기 위해서 매우 중요합니다. 이 결혼이 죄로 오염되기 전에 있었던 유일한 결혼이었기 때문입니다. 따라서 이 결혼을 제대로 이해하지 못하면 결혼을 올바로 이해할 수가 없습니다. 대표적으로 예수님 당시에 바리새인들이 그러하였습니다. 물론 그들은 이 최초의 결혼식에 대해서 너무나 잘 알고 있었습니다. 하지만 그 의미는 전혀 알지 못했습니다. 안타깝게도 오늘날 신자들도 예외가 아닙니다. 많은 신자가 이 첫 결혼을 단지 옛날 옛적에 일어난 동화 정도로 이해하는 경우가 적지 않습니다. 아담과 하와의 이야기를 알고 있어도 막연하게 이해하는 때가 많습니다. 그러다 보니 하나님의 말씀이 신자들의 결혼에 아무런 영향력을 미치지 못하고 있습니다. 하나님의 말씀이 우리에게 말씀이 되기 위해서는 먼저 이 창조 기사에 나타난 하나님의 분명한 뜻을 깨달아야 합니다.

창세기 1장과 2장에 나타난 창조 기사를 다루기 전에 먼저 한 가지 중요한 해석학적 전제를 지적하고 싶습니다. 먼저 창조 기사는 단순한 신화나 이야기가 아니라 실제로 일어난 역사적 사실이라는 점입니다. 이 것은 과학적으로 증명할 수는 없지만, 성경이 하나님의 말씀이라는 사실 때문에 믿음으로 받아들여야 하는 진리입니다. 만약 이 전제가 부정되거나 의심을 받는다면 결혼을 포함하여 창조 기사 속에 담긴 모든 이야기는 신뢰를 상실하게 될 것입니다. 그리고 이 기사는 우리의 삶에 아무런 도움도 주지 못하고 단지 재미있는 이야기로 전락하거나 기껏해야 도덕적 교훈에 지나지 않을 것입니다. 여기에 기록된 말씀이 실제로 일어난 역사적 사실이어야만 오늘날 우리에게 신적인 규범이 될 수 있습니다. 실제로 오늘날 결혼을 가볍게 여기는 중요한 이유 중의 하나도 성경을 정확무오한 하나님의 말씀으로 받아들이지 않기 때문입니다.

이제 창조 기사 내용을 하나씩 검토하겠습니다. 아마도 이 책을 읽는 독자들은 창세기 1장과 2장을 최소한 여러 번 읽었으며 그 내용을 어느 정도 잘 알고 있으리라고 생각합니다. 또는 어렸을 때부터 수없이 설교를 통해서 들었을 것입니다. 하지만 안타깝게도 그런 경험들이 오히려 성경을 올바로 이해하는 데 방해가 될 수도 있습니다. 너무나 익숙해서 정작 중요한 점을 놓칠 수 있는 것이지요. 특별히 성경 저자의 관심을 놓치게 되면 성경을 자의적으로 해석할 가능성이 매우 커지게 됩니다.

먼저 지적하고 싶은 사실은 창세기의 창조 기사가 놀랍게도 결혼식으로 마치고 있다는 점입니다. 이것은 창조를 이해할 때 대단히 중요한 사실입니다. 의외로 많은 신자가 창조 기사에서 이 점을 놓칩니다. 결혼은 창조의 결론이자 목적입니다. 하나님께서 6일 동안 창조하신 모든 일은 최종적으로 아담과 하와의 결혼식을 위한 것입니다. 이것은 결혼이 창조에서 얼마나 중요한지를 우리에게 잘 보여주고 있습니다. 우리는 결혼을 창조와 분리해서 보아서는 안 됩니다. 그 둘을 분리하게 되면 창조 기사의 마지막은 그냥 러브스토리에 불과하게 될 수 있습니다.

　　그다음 주목할 것은 사람 창조에서 1장과 2장이 차이점을 보인다는 점입니다. 이것은 성경을 조금만 깊이 읽은 사람은 누구나 인식할 수 있는 사실입니다. 1장은 하나님이 남자와 여자를 동시에 창조한 것처럼 서술하고 있지만, 2장은 남자와 여자의 창조 사이에 어느 정도 시간상의 차이가 있었다는 인상을 줍니다. 더 정확하게, 2장에 나온 창조 순서에 따르면 하나님은 남자를 창조하시고, 동물을 창조하신 후, 여자를 창조하셨습니다. 어느 것이 맞을까요? 당연히 둘 다 맞습니다. 모세는 동일한 사람 창조를 서로 다른 관점에서 서술하고 있습니다. 여기서 우리는 창세기 저자의 시간 개념이 현대의 시각과 좀 다르다는 것을 기억할 필요가 있습니다.

남녀 창조에 대한 여러 질문

창세기 2장에서 우리는 사람의 창조를 1장보다 훨씬 더 자세하게 접하게 됩니다. 그런데 이 기사에서 우리는 하나님께서 정말 이상하게, 우리의 기대와는 전혀 다르게 사람을 창조하시는 것을 보게 됩니다. 이것은 우리가 창조 기사를 전혀 모른다는 것을 전제로 하고 여러 의문을 가지고 읽으면 더욱 확실하게 실감할 수 있습니다. 하나님은 남자를 창조하시고 그다음에 여자를 창조하셨습니다. 이는 어린 주일학생도 아는 이야기입니다. 문제는 우리가 이를 너무나 당연하게 생각한다는 점입니다. 하나님은 여자를 먼저 창조하실 수도 있고 아니면 남자와 여자를 동시에 창조하실 수도 있었을 것입니다. 하지만 하나님은 그렇게 하지 않으셨습니다. 왜 그렇게 창조하셨을까요?

하나님께서 남자와 여자를 순서에 따라 창조하신 이유는 여기에 아주 깊은 뜻이 있기 때문입니다. 그것은 바로 하나님께서 남자와 여자 사이에 어떤 질서가 있기를 원하셨기 때문입니다. 아담이 먼저 창조되었고 하와가 이후에 창조되었다는 사실에 근거하여 바울 사도는 디모데에게 이렇게 명령하고 있습니다. "여자는 일체 순종함으로 조용히 배우라. 여자가 가르치는 것과 남자를 주관하는 것을 허락하지 아니하노니 오직 조용할지니라. 이는 아담이 먼저 지음을 받고 하와가 그 후"임이라(딤전 2:11-13). 어떤 이들은 이렇게 반박할 수도 있습니다. "꼭 먼저 지음을 받았다고 그 사람에게 복종하고 순종해야 할 절대적 필요가 있는가?", "그렇다면 사람이 먼저 지음을 받은 태양이나 달을 숭배해야 하는 것 아닌가?" 그런 반박들이 일리가 없는 것은 아니지만 중요한 것은 성경이 무엇이라고 말하는가입니다. 적어도 확실한 것은 하나님께서는 남자와 여자를 순서에 따라 만드셨는데, 이는 그들 사이에 질서가 있도록 의도하셨다는 것입니다. 그리고 이 사실은 오늘날 남자와 여자 사이에 어떤 질서도 인정하지 않는 사상이 비성경적이라는 것을 보여 줍니다. 결국 창조 기사를 정말로 믿는 사람만이 남녀의 질서를 말하는 바울 사도의 권면을 하나님의 말씀으로 받아들일 수 있습니다.

하나님께서 아담을 하와보다 먼저 창조하셨을 때 아담을 어떻게 만드셨는지 우리는 잘 알고 있습니다. 하나님께서 땅의 흙으로 사람을 지으시고 생기를 그 코에 불어 넣으시자 사람이 생령이 되었습니다. 여기서 우리는 또 질문할 수 있습니다. 하나님은 지금까지 말씀으로 모든 만물을 창조하셨습니다. 그렇다면 아담도 그렇게 만들 수 없었을까요? 당연히 그렇게 하실 수 있었습니다. 하지만 하나님은 그렇게 하지 않으셨습니다. 마치 토기장이가 토기를 만들 듯이 하나님은 흙으로 아담을 만드셨습니다. 흙으로 만드신 이유는 무엇입니까? 그것은 바로 인간의 기원이 보잘것없다는 것을 의미합니다. 그래서 모세는 시편 90편에서 이렇게 노래했습니다. "주께서 사람을 티끌로 돌아가게 하시고 말씀하시기를 너희 인생들은 돌아가라 하셨나이다"(3절).

하나님께서는 아담을 지으신 다음에 에덴동산(더 정확하게 말하면 에덴 정원)을 창설하시고 그를 그곳에 두셨습니다(2:8). 그렇게 하신 이유는 아담으로 하여금 에덴동산을 경작하고 지키게 하도록 하시기 위해서였습니다(2:15). 에덴동산은 창조세계에서 성전과 같은 곳이었고 하나님은 아담의 사역을 통하여 온 세상이 하나님의 성소가 되기를 소망하셨습니다.[1] 아담은 막중한 소명을 하나님으로부터 받았고, 하나님께서는 이 소명을 수행하는 아담에게 선악과를 제외한 모든 나무의 열매를 음식으로 제공하는 복을 허락하셨습니다.

여자의 독특한 창조 방식

하나님께서는 아담을 창조하신 후 그를 에덴동산에 두셨습니다. 그리고 에덴동산에 있는 아담을 보시고 이렇게 판단하셨습니다. "사람이 혼자 사는 것이 좋지 못하다"(2:18). 아마도 독자 여러분은 이것을 남자 혼자 사는 것이 쓸쓸해 보였다는 식으로 이해할지 모르겠습니다. 하지만 여기서 "좋지 못하다."는 말은 하나님의 원래 계획을 수행하는 데 부족하다는 의미로 이해해야 합니다. 하나님이 보시기에 아담 혼자 에덴동산을 경작하면서 이 세상을 하나님 나라로 변화시키는 것은 불가능해 보

---

1 여기에 대해서는 다음 연구서를 참조하십시오. 기동연, 『성전과 제사에서 그리스도를 만나다』(서울: 생명의 양식, 2008).

였습니다. 아담이 홀로 사는 것이 단지 쓸쓸해 보여서 친구를 만들어 주기 위해 하나님께서 돕는 배필을 만드신 것이 아니었습니다.

여기서 오늘날 우리는 질문을 하나 하게 됩니다. 하나님은 분명히 혼자 사는 것이 좋지 못하다고 판단하셨습니다. 하지만 오늘날 청년들은 혼자 사는 것에 대해서 어떻게 생각합니까? 예전과 달리 혼자 사는 것이 훨씬 좋다고 생각하는 이들이 늘고 있습니다. 특히 여성들은 결혼하게 되면 자기 직업을 잃을 가능성이 많기 때문에, 결혼을 자아를 실현하는 데 방해가 된다고 생각합니다. 평생 집안일 하면서 자녀들을 기르는 것을 시간 낭비라고 생각합니다. 왜 이렇게 하나님의 생각과 인간의 생각이 근본적으로 다를까요? 이는 결국 인생의 목적과 관련이 있습니다. 자기를 위해서 살면 결혼이라는 것은 거추장스러운 것입니다. 물론 독신으로도 하나님의 나라와 영광을 위해서 살 수 있겠지만, 이는 특별한 은사와 소명을 받은 사람으로 한정되어야 합니다. 하나님이 보시기에 좋지 않다고 판단한 독신을 신자들이 좋아하면 좋아할수록 이 땅에서 하나님 나라가 실현되는 것은 우리에게서 점점 멀어질 것입니다.

아담의 독처가 좋지 않다고 판단하신 하나님은 돕는 배필을 짓겠다고 결심하셨습니다. 그런데 놀랍게도 하나님께서 그 후 처음 만드신 것은 여자가 아니라 각종 들짐승과 각종 새였습니다. 잘 알려지지 않은 사실이지만 하나님께서는 그 모든 짐승과 새들을 아담을 지을 때처럼 "흙으로" 지으셨습니다. 1장만 보면 하나님께서 말씀만으로 들짐승과 새들을 창조하신 것처럼 보이지만 구체적으로 살펴보면 하나님은 짐승과 새도 아담을 창조할 때처럼 흙으로 창조하셨다는 사실을 알 수 있습니다. 하나님께서는 그 모든 짐승과 새들을 아담에게 끌어 오셨고 아담은 그들에게 일일이 이름을 지어 주었습니다. 하지만 아담은 그 많은 들짐승과 새 중에서 자신에게 걸맞은 돕는 배필은 단 하나도 찾을 수 없었습니다. 아담에게는 동물과는 근본적으로 다른 특별한 존재가 필요했습니다.

하나님께는 아담을 위해 배필을 만드시겠다는 계획이 이미 있었습니다. 하나님은 아담을 깊이 잠들게 하신 후에 그의 갈빗대 하나를 취하고 살로 대신 채우시고, 취하신 그 갈빗대로 하와를 만드셨습니다. 여기서 우리는 또 하나님의 예외적인 창조를 보게 됩니다. 아담도 흙으로 창조하셨고 동물들도 흙으로 창조하셨다면 하와도 흙으로 만드는 것이 자연스럽습니다. 하지만 하나님은 또 우리의 예상과 전혀 달리 하와를 흙으로 창조하지 않으시고 아담의 몸의 일부(한글 성경에서는 갈빗대)를 취해서 하와를 창조하셨습니다. 여기에 담긴 하나님의 의도는 아주 분명합니다. 하와는 그 기원이 아담에게 있다는 것입니다. 그래서 성경은 "남자가 여자에게서 난 것이 아니라 여자가 남자에게서 났다"고 선언하고 있습니다(고전 11:8).

하와의 독특한 창조 방식에 대한 질문과 더불어 우리가 제기하는 또 다른 질문은 "왜 한 명의 여자만 만들었는가?"입니다. 아담이 혼자 있는 것을 좋지 않게 보시고 나서 하나님께서 처음에 하신 일은 수많은 짐승과 새들을 만드신 것입니다. 그렇다면 아담을 위해서 수많은 하와는 아니더라도 여러 명(적어도 12명 정도)의 여자들을 만들 수는 없었을까요? 실제로 그 큰 에덴동산을 경작하기 위해서는 수많은 노동력이 필요하지 않겠습니까? 하루속히 번성해서 이 세상을 하나님 나라로 만드는 것이 더 좋은 방법이라는 생각은 드시지 않습니까? 하지만 우리의 예상과 달리 하나님은 겨우 한 명의 여자만 만드셔서 아담에게 데리고 오셨습니다.

한 명의 여자만 만드신 이유가 무엇인가 하는 질문이 좀 유치하다고 생각하는 독자분들이 있을지 모르겠습니다. 하지만 전혀 그렇지 않습니다. 왜냐하면 말라기 선지자가 정확하게 이와 같은 질문을 하고 있기 때문입니다. 하나님께서 여자 한 명만 지으신 것은 분명한 의도가 있습니다. 말라기 선지서에 이렇게 기록되어 있습니다. "그에게는 영이 충만하였으나 오직 하나를 만들지 아니하셨느냐? 어찌하여 하나만 만드셨느냐 이는 경건한 자손을 얻고자 하심이라. 그러므로 네 심령을 삼가 지켜 어려서 맞이한 아내에게 거짓을 행하지 말지니라"(말 2:15). 전반부를 문자적으로 번역하면 "영의 남은 것이 그에게 있지만 그가 하나로 만들지 않았느냐?"입니다. 즉 하나님이 하와 이외에도 다른 여자들을 많이 창조할 수 있었지만 그렇게 하지 않으셨다는 뜻입니다.[2]

---

2 기동연, 『소선지서 II』(서울: 대한예수교 장로회 총회 출판국, 2014), 789.

여기서 우리는 하나님께서 창조하신 일이 성도들의 결혼 생활과 얼마나 밀접하게 연결되어 있는지를 보게 됩니다. 하나님께서는 얼마든지 여러 명의 여자를 만드실 수 있었음에도 불구하고 한 명만 만드셨습니다. 그 이유가 무엇입니까? 바로 경건한 자손을 얻기 위해서입니다. 또한 이 이유로 남자들은 언약으로 결혼한 아내에게 철저하게 신실해야 합니다. 이와 같은 이유로 교회 안에는 일부다처제가 용납될 수 없습니다. 하지만 이런 성경적 기준이 없다면 남자가 왜 한 여자와만 결혼할 수 있는가에 대한 절대적 규범을 인간의 이성으로 설명하는 것은 거의 불가능합니다.

하나님께서는 한 여자를 만드시기 전에 남자를 깊이 재우셨습니다. 최초의 여자는 철저하게 하나님의 선물로 주어졌습니다. 심지어 하와는 기도를 통해서 남자에게 주어진 것도 아니었습니다. 아담이 전혀 생각할 수도 없는 상황에서 하나님은 놀라운 일을 계획하시고 그것을 이루고 계셨습니다. 하와를 만드신 다음 하나님은 그녀를 아담에게 이끌어 오셔서 하나가 되게 하셨습니다. 이것이 인류 최초의 결혼식이었습니다. 보통 배우자를 위해서 기도를 많이 해야 한다고 이야기하지만, 최초의 결혼을 보면 꼭 그렇지도 않습니다. 차라리 하나님께 맡기고 푹 자는 것이 좋은 배우자를 만나는 길이 될 수도 있습니다.

잠에서 깨어난 아담은 하나님께서 만드신 하와를 숲속에서 찾을 필요가 없었습니다. 하나님께서 하와를 아담에게 직접 데리고 오셨기 때문입니다. 아담은 여자를 보고 이렇게 노래 불렀습니다. "이는 내 뼈 중의 뼈요, 살 중의 살이라. 이것을 남자에게서 취하였은즉 여자라 부르리라"(2:23). 이 노래는 인류 최초의 노래였습니다.[3] 처음에는 단순히 사랑의 송가로 들리지만, 이 노래는 하나님의 신비로운 창조 역사의 계시에 대한 아담의 응답이라고 할 수 있습니다. 아담은 하와를 처음 보았을 때 자기와 다른 이상한 종족으로 보지 않았습니다. 아담은 하와를 자기 몸처럼 생각하였습니다. 동물들에게 이름을 부여하였던 아담은 이제 하와에게도 "여자"라는 이름을 부여하였습니다. 그 이유는 여자가 남자에게서 나왔기 때문입니다. 여자의 기원은 남자에게 있고, 여자는 남자와 동일한 본성을 지녔습니다. 하나님께서는 이 둘을 신비롭게 하나가 되게 하셨으며, 이것이 바로 타락하기 이전의 인류 최초의 결혼이었습니다.

참된 결혼에 대한 이해는 바로 이 최초의 결혼을 어떻게 이해하는가에 따라 결정됩니다. 최초의 결혼식으로 창조 기사를 마치면서 창세기의 저자인 모세는 다음과 같은 신학적 결론을 내립니다. "이러므로 남자가 부모를 떠나 그 아내와 연합하여 둘이 한 몸을 이룰지로다. 아담과 그의 아내 두 사람이 벌거벗었으나 부끄러워 아니하니라"(2:24-25). 이 최초의 결혼에서 우리는 결혼의 본질을 보게 됩니다. 그것은 "둘이 한 몸이 되는 것"입니다. 결혼을 통해 두 사람은 한 몸이 되었고 분리될 수

---

3 이 노래에 대한 해설은 다음 책을 참고하십시오. 이성호, 『바른 예배를 위한 찬송해설』(서울: SFC 출판사, 2018), 25-26.

없는 가장 친밀한 존재가 되었습니다. 심지어 이 관계는 부모와 자식 관계보다 더 친밀한 관계입니다. 아내와 하나가 되기 위해서 남자는 부모를 떠나야만 합니다. 이 친밀함을 가장 확실하게 보여주는 것이 벌거벗음입니다. 여인이 자신의 아버지 앞에서 벌거벗는 것은 수치가 되지만 남편에게는 아름다움이 됩니다(아 5:3).

이 비밀이 크도다!

이제까지 아담과 하와의 창조를 상세히 살펴보았습니다. 어떤 생각이 드십니까? 아마 독자 대부분은 조금 충격에 빠졌을 수 있습니다. 그동안 아담과 하와의 이야기를 어렸을 때부터 많이 들어서 너무나 당연하다고 생각해 왔던 것들이 이제는 참 신기하다는 생각이 들 것입니다. 생각하면 할수록 하나님께서는 남자와 여자를 정말 이상하게 창조하셨습니다. 그렇다면 이제 우리는 마지막 질문을 해야 합니다. 왜 하나님은 그냥 하루아침에 온 세상을 창조하시거나 단번에 모든 인류를 창조하시지 않고 이처럼 기이한 방식으로 창조하셨을까요?

여기에 대한 답을 쉽게 찾을 수는 없습니다. 하나님의 특별한 계시가 있어야 여기에 대한 답을 알 수 있기 때문입니다. 하나님은 그 계시를 사도 바울에게 주셨습니다. 사도 바울은 예수님을 믿기 전에 성경에 능통한 최고의 랍비였고 누구보다 창세기를 잘 알고 있었지만, 창세기에 나오는 의미들을 제대로 알지 못했습니다. 그러나 예수님을 만나서 복음을 깨닫게 되고 교회를 통한 하나님의 경륜을 알게 되었을 때 바울은 창세기 2장이 단지 부부의 창조에 대해서만 말하는 것이 아니라는 것을 알게 되었습니다. 하나님께서 부부를 창조하셨지만, 그 부부를 통해서 드러내고자 하셨던 것은 그리스도와 교회의 신비적인 연합이었습니다. 이 의미를 알게 되었을 때 바울 사도는 에베소서 5장 32절에서 "이 비밀이 크도다! 나는 그리스도와 교회에 대하여 말하노라."라고 탄성을 질렀습니다.[4]

여기서 "비밀"은 헬라어로 "미스테리온"이라고 하는데 아주 이해하기 어려운 진리를 의미하는 것이 아닙니다. 이 단어는 신비라고 볼 수 있는데 바울서신에서는 계시와 거의 동의어로 사용됩니다. 바울 서신에서 비밀은 예전에는 감추어졌으나 때가 되어 하나님의 계시를 통해서 알려진 하나님의 경륜을 의미합니다. 예수님을 믿고 하나님의 계시를 받은 사도 바울이 창세기를 다시 읽게 되자 원래 숨겨졌던 의미들을 다 알게 되었습니다. 아담과 하와가 기이하게 창조된 이유는 하나님이 처음부터 그 창조 속에 그리스도와 교회의 신비를 심어 두셨기 때문입니다. 그리스도와 교회의 관계는 머리와 몸의 관계입니다. 하나님은 이 비밀을 이미 창조 때에 아담과 하와에게 심어 두셨습니다. 그리고 이 숨겨

---

4 이에 관한 깊이 있는 성경적 해설은 다음 책을 참고하십시오. 황영철, 『이 비밀이 크도다』(서울: 드림북, 2017).

진 비밀이 바울 사도에게 계시로 알려지게 되었습니다.

에베소서가 있기 때문에 우리는 이제 어떤 의미에서 바울 사도보다 하나님의 더 깊은 뜻을 알게 됩니다. 바울 사도가 있어서 우리는 아담과 하와의 창조를 통해서 그리스도와 교회의 관계를 확실히 보게 됩니다. 따라서 그리스도와 교회의 관계를 알지 못하는 자는 진정한 부부의 본질을 알 수가 없습니다. 또한, 바꾸어 말해서 신자가 부부 생활을 행복하게 영위하기 위해서는 그리스도와 교회의 신비를 계속 배워가야 합니다. 이 점에서도 불신자와의 결혼이 얼마나 위험한지 알 수 있습니다. 불신자들은 진정한 결혼이 무엇인지 알 수 없기 때문입니다.

마지막으로 강조하고 싶은 것은 바울 사도가 "내가 그리스도와 교회에 대해서 말하노라"라고 했을 때 부부가 단지 그리스도와 교회의 유비를 말하는 것이 아니라는 것입니다. 만약 이것을 유비로만 이해하면 바울 사도의 의도도 제대로 이해할 수 없을 뿐만 아니라 바울 사도의 교훈이 매우 가벼워질 수밖에 없습니다. 아담과 하와의 창조는 단지 유비가 아니라 실질적으로 그리스도와 교회의 본질을 담고 있다고 보아야 합니다. 그 본질은 바로 둘이 한 몸이 되는 것입니다. 아담과 하와의 연합은 그리스도와 교회의 연합과 정도에서만 다르지 본질적으로는 차이가 없습니다.

창세전부터 우리를 그리스도 안에서 택하기로 작정하신 하나님께서는(엡 1:4) 사람을 창조하실 때 남자와 여자로 창조하시고 그 속에 그리스도와 교회의 연합을 심으셨습니다. 바울 사도는 계시를 통하여 이것을 알게 되었고 우리는 에베소서를 통해서 그것을 확인하게 됩니다. 만약 성경을 이렇게 본다면 우리 역시 바울 사도와 같이 하나님의 놀라운 비밀에 대해서 탄성을 지르지 않을 수 없을 것입니다. 결혼에 대한 모든 논의는 최초의 결혼에서 시작되어야 합니다. 그리고 그 의미를 제대로 이해하는 방법은 "길이요 진리요 생명이신" 그리스도를 통해 성경을 보는 것입니다.

신자들은 무엇보다 그리스도를 잘 이해해야 합니다. 우리의 구원이 다 그분에게서 나오기 때문입니다. 그런데 그분은 홀로 계시지 않습니다. 마치 부부가 하나이듯이 교회와 연합되어 있고 머리와 몸이 하나이듯이 교회와 연합되어 계십니다. 교회가 없는 그리스도는 몸이 없는 두상에 지나지 않습니다. 이것은 그리스도를 이해하는 데 대단히 중요한 사실입니다. 이와 같은 이해가 분명해질 때 결혼에 대한 우리의 이해도 훨씬 분명해질 것입니다. 그리스도와 교회에 대한 이해 없이 결혼에 대해서 논하는 것은 사상누각에 지나지 않습니다. 제대로 된 결혼 생활을 바른 교회생활에서 시작해야 하는 이유가 여기에 있습니다.

결론: 둘의 하나됨이 주는 구속사적/선교적 의미

최초의 결혼에서 나타난 '둘이 하나 되는 것'은 하나님의 놀라운 비밀입니다. 이 둘의 하나됨은 타락 이후에 깨어졌지만, 그리스도와 교회의 하나됨을 통해 회복되었습니다. 이 하나됨은 또한 남편과 아내의 하나됨을 통하여 실현되어야 하고 더 나아가 교회 안에서 유대인과 이방인의 하나됨으로 발전해야 합니다. 우리는 이것을 에베소서 2장 14절과 16절에서 확인할 수 있습니다. 노아 홍수 이후에도 인간의 죄성은 변하지 않았습니다. 하나님께서 하늘에서 살펴보셨을 때 한 명의 의인도 존재하지 않았습니다. 하지만 하나님께서는 사람을 홍수로 또다시 멸하시지 않고 아브라함을 택하셔서 한 나라를 이루어가셨습니다. 그 결과 이 세상에 두 종류의 인류가 생겨났습니다. 바로 유대인과 이방인입니다. 이 둘은 주님께서 오시기 전까지 서로 무시하고 서로 증오하였으며 마침내 서로 원수가 되었습니다. 그러나 이는 하나님께서 원하시는 나라의 모습이 아니었습니다.

때가 되어 하나님은 이 둘이 하나가 되기를 원하셨습니다. 하지만 이 둘 사이에는 도저히 넘을 수 없는 담이 존재했습니다. 그것은 율법이었습니다. 대표적인 할례의 법은 유대인과 이방인을 태생적으로 나누는 장벽이었습니다. 하지만 주님께서 오셔서 십자가로 이 높은 장벽을 무너뜨리셨습니다. 그 결과 유대인과 이방인이 차별 없이 하나님께서 거하시는 거룩한 성전이 되었습니다. 신약의 교회는 바로 여기에서 시작됩니다. 십자가로 성취된 둘의 하나됨은 구속사적 의미에서 선교적 의미로 발전되어야 합니다. 둘이 하나가 되었고 그 결과 새 사람, 더 정확하게 말하면 새 인류가 탄생했기 때문에 복음이 이방인에게도 전파될 수 있게 되었습니다. 만약 교회가 "둘의 하나됨"을 실천하지 못한다면 교회의 쇠퇴는 필연적입니다. 교회 쇠퇴의 시대에 교회가 생존하고 번영하기 위해서는 "둘의 하나됨"을 회복하는 것에서 출발해야 합니다.

2장

자녀: 결혼의 결과이자 목적

저출산: 쇠망으로 가는 길

안타깝게도 오늘날 많은 젊은이가 결혼을 생각하면서 자녀를 중요하게 생각하지 않는 것 같습니다. 심지어 어떤 청년들은 아예 자녀를 낳을 생각도 하지 않습니다. 가치관이 이전과 너무나 크게 차이 납니다. 자녀를 소중한 존재가 아니라 자신들의 계획에 방해가 되는 걸림돌로 인식하고 있습니다. 여기에는 물론 자녀 양육비와 같은 경제적인 요인이 크지만 반드시 경제적인 요인 때문에 자녀를 낳지 않는 것은 아닌 것 같습니다. 더 큰 문제는 신앙을 가진 청년들도 불신자들과 크게 다르지 않다는 것입니다.

오늘날 자녀를 귀하게 보지 않는 가장 큰 이유 중의 하나는 자녀보다 더 가치 있다고 여겨지는 어떤 무엇이 자녀를 대체했기 때문입니다. 이는 특별히 여성들에게 그러합니다. 오늘날 많은 여성이 자신의 전문 영역에서 꿈을 펼치기를 원합니다. 하지만 우리 사회는 자녀를 기르면서 그런 꿈을 펼치기에는 너무나 열악합니다. 그러면 선택해야 하겠지요? 자신의 꿈을 펼칠 것인가, 아니면 자녀 양육에 전념할 것인가? 두 가지 모두를 잘하면 좋겠지만 그것은 특별한 경우가 아니면 우리 사회에서 정말 어려운 일입니다.

출산과 양육이 정말 중요하다고 생각하지 않는다면, 자녀 양육을 통해서 진정한 기쁨을 느낄 수 없다면, 여성들이 자신의 꿈을 포기하고 자녀 양육을 선택하기는 쉽지 않을 것입니다. 그런데 자녀 양육이 참으로 가치 있는 일이라고 정말로 인식하기는 쉽지 않습니다. 물론 자녀를 기르는 것이 소중하지 않다고 생각하는 사람들이 누가 있겠습니까? 하지만 실제로 하는 일은 모유와 분유를 먹이고, 기저귀 갈고, 재우고, 씻기고, 치우고, 청소하는 일입니다. 아이에게는 너무나 중요한 일인데, 어떻게 보면 정말 사소한 일이고 대수롭지 않은 일처럼 보입니다. 그래서 많은 사람이 점점 더 출산과 양육을 기피하기 시작했습니다. 그 결과 다음 세대가 교회 안에서 점점 사라지고 있습니다.

잘 아시다시피 한국은 출산율이 세계에서 가장 낮은 나라입니다. 이와 같은 상황이 벌써 몇 년이 지났고 앞으로도 개선될 여지가 보이지 않습니다. 출산에는 신자와 불신자의 차이가 거의 없습니다. 주일학교 학생 수는 현재 급감하고 있고 앞으로도 큰 변화가 없을 것입니다. 출산에 대한 무관심으로 한국교회의 쇠락은 어느 누구도 막을 수 없는 상황이 되었습니다. 물론 전도를 통해서 만회할 수 있겠지만 이제는 전도할 대상자 자체가 현저하게 줄어들었습니다. 이를 해결할 근본적이면서 유일한 방법은 자녀를 많이 낳고 신앙으로 잘 양육하는 것입니다. 교회 쇠퇴의 시대에, 자녀 양육을 잘하는 교회만이 살아남을 것입니다.

자녀: 결혼의 목적이자 결과

우리는 앞장에서 결혼의 본질에 대한 성경적 가르침을 살펴보았습니다. 이 장에서는 결혼의 목적이자 결과인 자녀에 대해서 논의해 보도록 하겠습니다. 결혼하게 되면 특별한 일이 없는 한 자녀를 가지게 됩니다. 자녀는 결혼의 본질은 아니지만 결혼이 가져다주는 열매입니다. 따라서 결혼을 생각할 때 신랑과 신부 두 사람만을 생각할 수 없습니다. 결혼하기를 원하는 청년들은 이 문제를 아주 중요하게 생각해야 합니다.

지혜로운 사람은 항상 결과와 목적을 생각하는 사람입니다. 결과와 목적을 고려하지 않고 눈앞에 보이는 일만 바라보면 헛된 인생을 살 수밖에 없습니다. 만약에 어떤 사람이 몇 년 동안 열심히 시험에 합격하기 위해서 공부를 했는데 그 공부 내용이 시험과는 아무런 상관이 없다면 그 공부가 무슨 소용이 있겠습니까? 결혼 자체뿐만 아니라 결혼 이후의 결과도 생각해야 하는 이유는 우리가 헛된 삶을 살지 않기 위해서입니다.

장로교회가 신조로 받아들이는 웨스트민스터 신앙고백서는 흥미롭게도 결혼과 이혼에 관한 내용을 담고 있습니다. 결혼이 신앙고백에 포함되는 것은 보기 드문 일인데 이것은 16세기 잉글랜드의 상황과 밀접한 관련이 있습니다. 잉글랜드의 종교개혁 역사를 조금이라도 알고 있는 분들은 잉글랜드의 종교개혁이 헨리 8세의 이혼 문제와 밀접한 관계를 맺고 있다는 것을 알고 있을 것입니다. 헨리 8세 이후에도 왕의 결혼은 국가의 방향을 결정짓는 아주 중요한 문제였습니다. 그러므로 웨스트민스터 총회에 모인 총대들은 이 문제에 대한 성경적 교훈을 정리할 필요성을 강하게 느꼈고 그것을 24장에서 최종적으로 정리하였습니다. 그중 2항은 결혼의 목적을 다루고 있습니다.

> 결혼은 남편과 아내가 서로 돕고, 합법적인 자손을 통해 인류를 번성하게 하며, 거룩한 자손을 통해 교회를 흥왕하게 하고, 음행을 피하기 위해 제정되었다.

웨스트민스터 신앙고백에 정리된 이 내용은 성경에 매우 충실한 진술입니다. 우리는 앞에서 이에 대해 살펴봤습니다. 우리는 하나님께서 남자가 독처하는 것이 좋지 않다고 판단하셨기 때문에 여자를 창조하셨다는 것을 기억하고 있습니다. 남자 혼자서는 하나님께서 맡기신 사명을 완수할 수 없었기 때문입니다. 남자는 여자의 도움이 절대적으로 필요한 존재입니다. 특히 자녀를 낳는 것은 남자나 여자가 혼자 할 수 있는 일이 전혀 아닙니다. 또한 자녀를 잘 키우기 위해서 남편과 아내는 있는 힘을 다하여 서로 도와야 합니다. 남편이나 아내의 도움 없이 혼자 아이를 키우는 분들을 보십시오. 얼마나 힘든 삶을 살아가고 있습니까? 자녀 양육이야말로 남편과 아내가 서로 도와야 하는 존재라는 것을 가장 확실히 보여 줍니다.

자녀가 없는 생활을 추구하는 부부는 그 자체가 어떤 위험 요소를 하나 안고 있습니다. 자녀가 없으면 상대방의 도움이 그렇게 절실하다고 느껴지지 않습니다. 서로 도울 필요가 없다고 생각하는 결혼 생활이 안전할 수 있겠습니까? 창조 기사에서 보았듯이 여자는 남자를, 남자를 여자를 돕기 위해서 창조되었습니다. 만약 상대방의 도움이 필요 없거나, 본인 자신의 삶만을 추구한다면 부부가 한 집에서 굳이 같이 살아야 할 이유가 무엇이겠습니까?

자녀: 혼인한 자들에게 주신 복

타락 이후로 혼인에 대한 이해가 오염되었기 때문에 당연히 혼인의 결과인 자녀에 대한 이해도 같이 오염되었습니다. 이제 하나님의 말씀에 따라 우리의 오염된 지성을 정결하게 할 필요가 있습니다. 하나님께서는 아담과 하와를 당신의 형상에 따라 창조하신 후에 그들에게 큰 복을 허락하셨습니다.

> 하나님이 그들에게 복을 주시며 하나님이 그들에게 이르시되 생육하고 번성하여 땅에 충만하라, 땅을 정복하라, 바다의 물고기와 하늘의 새와 땅에 움직이는 모든 생물을 다스리라 하시니라. | 창 1:28 |

이 말씀은 성경에서 복에 대한 최초의 선언입니다. 이 최초의 복을 통해서 우리는 진정한 복이 무엇인지를 알게 됩니다. 이 선언에 따르면 복은 크게 세 가지로 구성되는데, 크게 번성하는 것과 땅을 충만하게 하는 것과 땅에 있는 모든 생물을 다스리는 것입니다. 온 세상의 왕이신 삼위 하나님은 인간을 이 세상을 다스리는 왕으로 창조하셨습니다. 따라서 인간은 자기 뜻이 아니라 하나님의 뜻에 따라 다스려서 이 땅을 하나님의 나라로 만들어 가야 했습니다.

여러분은 이 복들에 대해서 어떻게 생각하십니까? 이것이 정말로 여러분에게 복음으로 들려지나요? 예전과 달리 생육과 번성은 복으로 들리지 않습니다. 가장 큰 이유는 각자 자신들이 생각하는 복의 개념을 이미 가지고 있기 때문입니다. 현대 세대는 자기실현을 복이라고 생각하는 것 같습니다. 간단히 말해서 꿈을 이루는 것입니다. 문제는 그 꿈이 무엇이냐는 것이지요? 만약 출산이 그 꿈을 이루는 데 도움이 된다면 출산은 복이 되겠지만 그렇지 않다면 출산은 거추장스러운 방해물일 뿐입니다. 이와 같은 생각에 맞서서 신자들은 성경이 말하는 복을 분명히 인식하고 자신이 가지고 있는 복의 개념을 성경에 따라 바꾸어야 합니다.

하나님께서 아담에게 주신 3가지 복(번성, 충만, 다스림)은 서로 밀접하게 연결되어 있습니다. 세상을 다스리는 것은 혼자 할 수 없습니다. 땅에 충만할 정도로 번성해야 할 수 있는 일입니다. 그런데 하나님은 처음부터 수많은 사람을 만드신 것이 아니라 혼인을 통하여 번성하도록 하셨습니다. 따라서 혼인은 번성을 위한 수단이 되는 것입니다. 결국은 혼인을 통한 번성, 번성을 통한 다스림을 자신의 복으로 삼기 위해서는 자신의 비전을 바꿔야 합니다. 자아를 실현하는 것이 복이 아니라 혼인을 통한 번성으로 하나님의 나라를 이루는 것이 성경이 말하는 복입니다.

하나님께서는 다스리라는 명령을 주시면서 그 사명을 다하는 인간에게 풍성한 음식을 허용하셨습니다. "내가 온 지면의 씨 맺는 모든 채소와 씨 가진 열매 맺는 모든 나무를 너희에게 주노니 너희의 먹을거리가 되리라"(1:29). 여기서 우리가 주목하게 되는 것은 하나님께서 인간을 먹는 존재로 창조하셨다는 사실입니다. 이것은 하나님의 창조를 이해하는 데 대단히 중요합니다. 하나님은 인간이 먹지 않고도 살 수 있는 존재로 만들 수 있었습니다. 만약 그렇게 창조하셨다면 인간은 하나님의 선하심을 눈으로 확인만 할 수 있었을 것입니다. 그러나 하나님은 땅의 식물을 먹게 하심으로 창조에 나타난 하나님의 선하심을 맛보아 알도록 하셨습니다(시 34:8). 하나님은 인간에게 풍성한 음식을 허락하셨습니다.

타락 이후에 인간이 먹을 수 있는 채소와 과일의 종류는 그렇게 많지 않지만, 창조 때 아담과 하와는 모든 채소와 나무의 열매를 먹을 수 있었습니다.

타락과 자녀(씨)

인간이 타락하지 않았더라면 아담과 하와는 수많은 자녀를 낳고 이 땅에서 번성하면서 땅을 충만하게 하고 만물을 다스리면서 행복하게 살았을 것입니다. 하지만 우리가 잘 알다시피 아담은 왕이신 여호와 하나님을 배반하고 선악을 알게 하는 나무의 열매를 먹고 스스로 타락하였습니다. 여러분이 하나님이면 아담에게 어떻게 했을까요? 하나님은 분명히 그 열매를 먹는 날에는 반드시 죽는다고 경고하셨습니다. 하지만 자비로우신 하나님께서는 그들의 생명은 보존해주셨습니다. 그렇다면 그들에게 주신 복은 어떻게 될까요? 하나님께서 하와에게 선악과를 따먹은 이유를 물었을 때 하와는 "뱀이 나를 꾀므로 내가 먹었나이다"라고 답하였습니다. 하나님은 그 말을 듣고 뱀과 여자에게 벌을 내리셨습니다.

> 또 여자에게 이르시되 내가 네게 임신하는 고통을 크게 더하리니 네가 수고하고 자식을 낳을 것이며 너는 남편을 원하고 남편은 너를 다스릴 것이니라. | 창 3:16 |

여러분은 하나님께서 하와에게 내리신 벌을 어떻게 생각하십니까? 정말 너무하시다는 생각이 들 수 있을 것입니다. 하와 때문에 이 세상 모든 여성이 출산의 고통을 감당하게 된 것이 부당하다는 생각도 들 것입니다. 하지만 여기서 우리는 진노 중에서도 없어지지 않는 하나님의 자비를 보게 됩니다. 놀랍게도 하나님은 출산의 복을 없애시지는 않았습니다. 단지 그 복을 누리기 위해서 수고만 더해졌을 뿐입니다. 만약 이 복을 없애 버리셨다면 아담과 하와는 자녀를 낳지 못하고 둘이서만 힘겹게 살다가 이 세상을 마쳤을 것입니다.

하나님께서 뱀에게 주신 벌은 하와에게 하신 말씀보다 훨씬 더 확실한 소망을 줍니다. 그것은 바로 어머니 복음 혹은 원시 복음이라고 불리는 것입니다. "내가 너로 여자와 원수가 되게 하고 네 후손도 여자의 후손과 원수가 되게 하리니, 여자의 후손은 네 머리를 상하게 할 것이요, 너는 그의 발꿈치를 상하게 할 것이니라"(3:15). 사실, 구약과 신약의 모든 말씀은 창세기 3장 15절의 주석이라고 볼 수 있습니다. 이 말씀 속에서 우리는 인류를 파멸로 몰아넣었던 사탄의 멸망을 확신하게 됩니다. 그런데 이 말씀에서 우리가 더 주목하게 되는 것은 누가 그 일을 할 것인가입니다. 그것은 바로 여자의 후손, 더 정확하게 말하면 여자의 "씨"입니다. 물론 이 씨는 여러 개의 씨를 말하지 않고 하나의 씨를 가리키며 궁극적으로는 예수 그리스도를 가리킵니다. 중요한 것은 이 씨가 하와의 출산을 통하여 온다는 것입니다. 이렇게 되면 출산은 단지 인류의 번성을 위해서뿐만 아니라 구원을 위해서도 절대적으로 필수적인 요소가 되는 것입니다.

출산이 구원과 얼마나 밀접한 관계가 있는지는 디모데전서 2장 15절 에서 아주 분명하게 알 수 있습니다. "그러나 여자들이 만일 정숙함으로 써 믿음과 사랑과 거룩함에 거하면 그의 해산함으로 구원을 얻으리라." 이 말씀을 완벽하게 이해하기는 쉽지 않습니다. 잘못 이해하면 여자들 이 구원받는 방법과 남자들이 구원받는 방법이 다르다고 생각할 수 있 습니다. 그러나 이 앞 구절이 하와의 범죄를 다루고 있기에 이 구절을 아담과 하와의 타락의 관점에서 보아야 한다는 것은 분명합니다. 더 확 실한 것은 출산이 여자들이 구원받는 일에서 매우 중요하다는 것입니 다. 하와의 범죄로 말미암아 죄 아래 태어난 여자들이 구원을 받는 방법 은 출산을 거부하는 것이 아니라 출산을 받아들이는 것입니다. 출산을 여성의 선택권이라고 보고 심지어 출산 거부를 여성해방의 상징으로 보 는 것이 얼마나 성경의 가르침과 동떨어져 있는지를 잘 알 수 있습니다. 바울은 디모데에게 다시 한번 자신의 교훈을 분명하게 확언합니다. "그 러므로 젊은이는 시집가서 아이를 낳고, 집을 다스리고, 대적에게 비방 할 기회를 조금도 주지 말기를 원하노라"(딤전 5:14). 출산과 양육은 교회 의 원수들에 대항하는 가장 강력한 무기입니다.

언약의 자녀와 교회

이제 창세기에서 선포된 최초의 복음이 실제로 어떻게 역사 속에서 전개되었는지 살펴보도록 하겠습니다.

> 내가 내 언약을 나와 너 및 네 대대 후손 사이에 세워서 영원한 언약을 삼고, 너와 네 후손의 하나님이 되리라. | 창 17:7 |
> 이 약속은 너희와 너희 자녀와 모든 먼 데 사람 곧 주 우리 하나님이 얼마든지 부르시는 자들에게 하신 것이라. | 행 2:39 |
> 주 예수를 믿으라! 그리하면 너와 네 집(오이코스)이 구원을 받으리라. | 행 16:31 |

첫 번째 구절은 하나님이 아브라함에게 주신 약속이고, 두 번째 구절은 오순절에 베드로가 선포한 복음이고, 세 번째 구절은 바울이 빌립보 간수에게 전한 말씀입니다. 이것을 통해서 우리는 구원을 이해하는 데 자녀가 얼마나 중요한가를 보게 됩니다. 가장 처음으로 알아야 할 것은, 구원이라는 것은 개인적인 것이 아니라는 사실입니다. 적어도 구원은 가족과 밀접한 관계를 맺고 있습니다. 아브라함에게 주어진 약속은 오순절에 그대로 성취되었습니다. 비록 구원 자체는 개인의 믿음에 따라 결정되지만 구원에 대한 약속은 신자의 자녀들에게도 주어집니다.

신자의 자녀들에게 구원의 약속이 주어졌고 그렇기 때문에 신자의 자녀들은 불신자의 자녀들과 구별되어야 합니다. 구약시대에는 할례를 통해, 신약시대에는 세례를 통해 신자의 자녀들이 교회의 회원으로 구별됩니다. 결국 유아세례의 핵심적인 이슈는 신자의 자녀들을 어떻게 볼 것인가의 문제입니다. 언약의 후손으로서 교회의 회원인가, 아니면 불신자와 같이 본질상 진노의 자녀들인가?

이 문제에 대해서 하이델베르크 교리문답은 아주 확실하게 성경적 가르침을 잘 정리하였습니다.

> **74문.** 유아들도 세례를 받아야 합니까?
>
> **답.** 그렇습니다. 어른들뿐 아니라 유아들도 하나님의 언약과 교회에 속하였고, 그리스도의 피로 말미암는 구속과 믿음을 일으키시는 성령이 어른들 못지않게 유아들에게도 약속되었기 때문입니다. 따라서 유아들도 언약의 표인 세례를 받음으로 그리스도의 교회에 속하게 해야 하고, 믿지 않는 사람들의 자녀들과 구별되게 해야 합니다. 이런 일이 구약에서는 할례를 통해 이루어졌으나, 신약에서는 세례가 제정되어 할례를 대신하게 되었습니다.

교회의 회원으로서 유아들은 그리스도 안에서 모든 영적인 유산을 받을 권리를 가집니다. 이들은 소속이 달라졌기 때문에 세상으로부터 구별되어야 하고 주의 교양과 훈계로 양육을 받아야 합니다. 교회는 유아들을 회원으로 받았기 때문에 그들이 성장해서 스스로 신앙고백을 할 때까지 신앙교육에 대한 책임을 져야 합니다. 물론 이 일은 일차적으로 부모들에게 맡겨졌지만, 부모들이 특별한 사정으로 (예: 사망이나 질병) 그들을 돌보지 못하게 되었을 때는 교회가 전적으로 책임을 져야 합니다.

오늘날 교회가 유아세례에 관심을 두지 않는다는 것은 심각한 문제입니다. 어린아이에 대한 예수님의 가르침에 주목합시다.

> **어린아이들이 내게 오는 것을 용납하고 금하지 말라. 하나님의 나라가 이런 자의 것이니라.** | 눅 18:16 |

우리는 이 말씀에서 예수님께서 어린이를 얼마나 귀하게 여기셨는지 알게 됩니다. 예수님은 어린이를 용납하시고 축복하셨습니다. 어른과 마찬가지로 어린이도 하나님 나라를 소유할 수 있습니다. 그런데 요즘 교회 안에서 어른들이 어린이를 어떻게 생각합니까? 혹시 시끄럽다고 어린이를 귀찮게 여기지는 않습니까? 교회가 어린이를 용납하지 않으면 하나님의 나라는 번성할 수 없다는 예수님의 교훈을 늘 명심해야 합니다. 실제로 오늘날 교회가 쇠퇴하고 있고 앞으로도 이런 상황이 바뀌기 어려운 이유는 교회 안에서 어린이가 점점 사라지고 있기 때문입니다.

예수님의 관점에서 보았을 때 오늘날 예배에 아주 심각한 문제가 있습니다. 그것은 바로 어른들과 어린이들의 예배가 완전히 분리되었다는 것입니다. 어른과 분리된 예배를 오늘날에는 당연히 여기지만 이처럼 분리된 예배는 그 역사가 그렇게 길지 않습니다. 제가 어렸을 때만 하더라도 주일학교 예배가 따로 있었지만, 상당수의 어린이나 청소년들은 어른 예배에도 참석하였습니다. 하지만 지금은 아예 완전히 분리된 채로 예배를 드리고 있습니다. 이제 예배에서 세대 간의 간격은 넘을 수 없는 벽이 되고 말았습니다. 신앙교육에서 가장 좋은 방법은 모범입니다. 그렇다면 부모들이 예배드리는 모습을 보고 자라게 하는 것이 자녀들에게 예배를 가르치는 가장 좋은 방법입니다. 하지만 오늘날 한국교회는 이 좋은 방법을 많이 잃어버렸습니다.

결론: 어떤 배우자를 선택할 것인가?

지금까지 우리는 자녀가 결혼의 목적이자 결과라는 것을 살펴보았습니다. 이것을 아는 것은 특히 배우자를 선정할 때 매우 중요합니다. 자녀와 배우자 선택은 별 상관이 없는 것처럼 보입니다. 그러나 전혀 그렇지 않습니다. 만약 자녀가 결혼의 목적이자 결과라는 것을 분명히 확신한다면 배우자를 선정하는 기준이 완전히 달라질 것입니다. 세상 청년들은 배우자를 선정하는 기준이 아주 간단합니다. 남자 청년들에게 가장 중요한 기준은 거의 하나입니다. 바로 여자의 외모입니다. 여자 청년들도 남자의 외모를 중하게 여기지만 보통 경제력을 더 중요하게 생각합니다. 그런데 이런 기준은 신앙을 가진 청년들도 크게 다르지 않은 것 같습니다.

만약 결혼 그 자체만 본다면 외모나 경제력을 따지는 것이 어느 정도 이해가 됩니다. 하지만 결혼의 결과인 자녀까지 생각한다면 외모나 경제력은 결혼 생활에서 그렇게 중요한 요소가 아니라는 것을 금방 알 수 있습니다. 자녀를 낳는 순간 두 사람은 부부에서 부모로 바뀌게 됩니다. 아이를 낳게 되면 아내의 외모는 아무런 소용이 없습니다. 외모를 가꿀 시간도 없을 뿐 아니라 외모에 신경 쓰면 그 아기가 어떻게 되겠습니까? 엄마에게 가장 필요한 것은 잘생긴 남편이 아니라 아이와 잘 놀아주는 남편입니다.

결혼하는 신랑 신부는 결혼하는 순간부터 아니 그 이전부터 부모가 될 준비를 해야 합니다. 이것을 정말 중요하게 생각한다면 배우자를 선정하는 기준을 바르게 세울 수 있습니다. 좋은 남편은 좋은 아빠가 될 수 있는 사람이고, 좋은 아내는 좋은 엄마가 될 수 있는 사람입니다. 따라서 결혼하기 전에 서로 사귀면서 상대방의 이런 자질들을 잘 살펴야 합니다. 좋은 방법 중 하나는 상대방이 교회 안에서 어린아이들을 어떻게 대하는지를 보면 알 수 있습니다. 아이들과 잘 놀아주고 대화를 잘하는 사람이 훌륭한 아버지와 어머니가 될 가능성이 많습니다. 믿음의 청년들은 지금부터 좋은 남편과 아내가 되어야 할 뿐만 아니라 경건한 부모가 되는 훈련도 부단히 해야 합니다.

3장
신명기 6장에 나타난 자녀 교육의 대헌장

이는 곧 너희의 하나님 여호와께서 너희에게 가르치라고 명하신 명령과 규례와 법도라. 너희가 건너가서 차지할 땅에서 행할 것이니 곧 너와 네 아들과 네 손자들이 평생에 네 하나님 여호와를 경외하며 내가 너희에게 명한 그 모든 규례와 명령을 지키게 하기 위한 것이며 또 네 날을 장구하게 하기 위한 것이라.

이스라엘아 듣고 삼가 그것을 행하라. 그리하면 네가 복을 받고 네 조상들의 하나님 여호와께서 네게 허락하심 같이 젖과 꿀이 흐르는 땅에서 네가 크게 번성하리라. 이스라엘아 들으라! 우리 하나님 여호와는 오직 유일한 여호와이시니 너는 마음을 다하고 뜻을 다하고 힘을 다하여 네 하나님 여호와를 사랑하라.

오늘 내가 네게 명하는 이 말씀을 너는 마음에 새기고 네 자녀에게 부지런히 가르치며 집에 앉았을 때에든지 길을 갈 때에든지 누워 있을 때에든지 일어날 때에든지 이 말씀을 강론할 것이며 너는 또 그

것을 네 손목에 매어 기호를 삼으며 네 미간에 붙여 표로 삼고 또 네

집 문설주와 바깥 문에 기록할지니라. | 신 6:1-9 |

부부에서 부모로

오늘날 자녀들에게 문제가 많이 있지만 그 핵심에는 부모가 자리를 잡고 있습니다. "문제 학생은 없고 문제 부모가 있다"는 말을 모든 부모는 깊이 명심해야 합니다. 가정의 소중함을 모르는 사람은 한 사람도 없지만, 많은 가정이 저마다 큰 어려움을 겪고 있다는 것은 안타까운 일입니다. 이것은 기독교인의 가정이라고 해서 별로 다르지 않은 것 같습니다. 많은 신자가 열심히 일하는 궁극적인 목표가 자기 가정의 행복이 아니겠습니까? 그러나 열심히 노력하지만 그 목표를 이루는 사람이 많지 않은 것은, 그 목표를 이루는 방법이 잘못되었기 때문일 것입니다. 모든 일이 그렇지만 행복한 가정은, 우리가 간절히 소원만 한다거나 열정적으로 노력만 한다고 이룰 수는 없습니다.

행복한 가정을 이루는 가장 확실한 방법은 자녀들을 잘 양육하는 것입니다. 물론 이 방식은 성경을 통해서 배워야 합니다. 성경은 자녀 교육에 관해 이곳저곳에서 지침을 주는데, 이 장 서두에 나온 신명기 6장보다 더 훌륭한 본문을 찾기는 어렵습니다. 신명기는 믿음의 부모들이 행복한 가정을 이루기 위해서 언약의 자녀들을 어떻게 양육할 것인지를

상세히 가르쳐 주고 있습니다. 이 방법을 잘 숙지하셔서 여러분의 삶에 중요한 지침으로 삼으시기 바랍니다.

본문의 배경

하나님께서 이스라엘 백성을 애굽의 폭정에서 구원하셨습니다. 하나님께서 그들을 구원하신 목적은 가나안 땅으로 인도하시기 위해서입니다. 가나안은 젖과 꿀이 흐르는 땅입니다. 그러니 그 땅에 들어가면 가만있어도 먹고사는 데 전혀 지장이 없는 땅일까요? 전혀 그렇지 않습니다. 그 땅 주위에는 하나님을 믿지 않고 이스라엘을 대적하는 여러 나라가 있었습니다. 가나안 땅에서 평안히 복을 누리는 것은 자동으로 보장된 것이 아니었습니다. 이것을 우리에게 적용하면, 하나님께서 우리를 죄에서 구원하신 것도 중요하지만 구원받은 자로서 이 땅에서 어떻게 살아야 할 것인지도 역시 중요하다는 것을 의미합니다.

　신명기 6장은 이스라엘 백성이 가나안 땅에 들어갔을 때, 어떻게 살아야 할 것인가에 대한 지침을 주고 있습니다. 이 지침은 3절에 나와 있습니다. "이스라엘아 듣고 삼가 그것을 행하라. 그리하면 네가 복을 받고 네 조상들의 하나님 여호와께서 네게 허락하심과 같이 젖과 꿀이 흐르는 땅에서 네가 크게 번성하리라." 여기서 우리는 복된 삶을 어떻게 누릴 수 있는지 그 핵심을 바로 알 수 있습니다. 하나님의 법을 듣고, 그것을 행하는 것입니다. "듣고 행하라"—이 얼마나 간단하고 명료한 말씀입니까? 행복한 가정을 누리는 것은 아주 간단합니다: 하나님의 법을 듣고 행하는 것입니다.

이 점에서 우리는 하나님의 법과 세상의 법을 조금 구별할 필요가 있습니다. 우리나라의 경우, 대부분이 법대로 살면 손해가 된다고 생각합니다. 이것은 적어도 제가 어렸을 때부터 갖게 된 정서이기도 합니다. 제가 보기에 이것은 보통 문제가 아닙니다. 정말로 제대로 된 사회는 법대로 살면 잘 사는 사회가 되어야 하고, 법을 무시하면 불행한 사회가 되어야 합니다. 그런데, 우리나라는 법을 무시하는 풍조가 너무나 만연한 것 같습니다. 물론 여러 이유가 있습니다. 쓸데없거나 말도 되지 않는 법이 너무나 많고, 법을 행사하는 권력자들이 공평하게 법을 집행하지 않고, 그러다 보니 법에 대해서 저항감을 갖게 되었습니다. 법을 무시하고 지키지 않으니까 온갖 갈등이 해소되지 않고 오히려 증폭이 되는 것입니다. 어떻게 보면, 최소한의 사회를 위해서는 불합리한 법이나 쓸데없는 법이라도 지켜야 그나마 조금 더 나은, 안정적인 삶을 누릴 수 있습니다. 법 자체가 없다는 것은 그야말로 무질서를 뜻하기 때문입니다. 만약 이것이 사실이라면, 정말로 참되고 공평한 주님의 법을 지킨다면, 얼마나 풍성하고 복된 삶을 누릴 수 있겠습니까?

여기서 우리는 질문을 하나 던질 수 있습니다. 법과 번영은 관계가 전혀 없는 것은 아니지만, 필연적인 관계는 아닌 것 같습니다. 하나님의 법을 잘 지킨다고 반드시 잘 살게 될까요? 그 당시 이스라엘 백성 대부분은 이 질문에 대해 제대로 된 확신을 가지지 못했습니다. 가나안 땅에서 잘 살기 위해서는 무엇을 해야 합니까? 가나안 땅에서 잘 살기 위해서는 열심히 일을 하든지, 농업기술을 개발하든지, 군사력을 기르든지 해야 하는 것 아니겠습니까? 세속적인 생각을 따르면 그런 것 같습니다. 그러나 가나안 땅은 그렇지 않았습니다. 가나안 땅에서 이스라엘의 운명은 전적으로 하나님의 뜻에 달려 있었습니다. 아무리 그들이 열심히 일하고 노력해도, 하나님께서 비를 주시지 않는다든지(엘리야 시대처럼), 하나님께서 이웃 나라로부터 지켜주시지 않는다면 그들은 번영의 삶을 살 수 없었습니다. 즉, 가나안 땅에서 율법에 대한 순종과 번영의 삶은 밀접하게 연관되어 있는 것입니다.

이는 오늘 우리에게도 마찬가지입니다. 신자들은 기본적으로 하나님의 말씀에 순종할 때 복된 삶을 살 수 있습니다. 하나님 말씀에 불순종하더라도 잘 살 수 있을지 모릅니다. 하지만, 만약 그렇다 하더라도 그것 자체가 불행이라는 것을 명심해야 할 것입니다. 왜냐하면, 하나님의 법에 순종하지 않고 사는 것은 신자에게는 있을 수 없는 일이기 때문입니다.

상황의 변화: 율법의 중요성

앞에서 말씀드렸듯이 가나안 땅에서 그들이 계속해서 잘 살기 위해서는 그들의 후손들도 계속 주의 율법에 순종해야 합니다. 지금 이 말씀을 듣고 있는 사람들은 광야에서 많은 시간을 보낸 사람들입니다. 하나님께서 여러 기적을 통해 어떻게 그들을 먹이시고, 입히시고, 마시게 하셨는지 생생하게 경험하였습니다. 그리고 하나님께서 어떻게 자신의 대적들을 물리치셨는지 눈으로 분명히 보았습니다.

이스라엘 백성이 가나안 땅으로 들어가면 상황이 매우 달라집니다. 이제까지는 하나님께서 이스라엘 백성을 갓난아이처럼 대하시며 친히 먹여 주시고, 마시게 하셨지만, 앞으로는 그들이 집을 지어야 하고, 농사도 지어야 합니다. 매일 하늘에서 내려오는 만나는 더 이상 존재하지 않을 것입니다. 더 중요한 것은, 이제 모세가 존재하지 않는다는 것입니다. 광야에서 하나님은 모세를 통해 필요할 때가 되면 나타나셔서 이스라엘 백성에게 당신의 뜻을 나타내셨습니다. 그러나 이제는 더 이상 그런 일은 있지 않을 것입니다. 하나님께서는 당신의 뜻을 모세에게 이미 다 보이셨고, 모세는 그것을 율법에 기록했습니다. 따라서 이제 이스라엘이 할 일은 기록된 율법을 부지런히 공부하여, 그곳에 나타난 하나님을 뜻을 깨달아 순종하는 것입니다.

아마도 여러분은 이것이 그렇게 대단하다고 생각하지 않을 수 있습

니다: "율법을 잘 배우고 그대로 행하면 되는 거네!" 하지만 이스라엘 백성이 어떤 사람들입니까? 아니 인간이 어떤 존재입니까? 인간은 망각의 동물이라고 누군가가 말하였습니다. 이것은 특히 이스라엘 백성에게 적용될 수 있을 것입니다. 광야에서 이스라엘이 한 행동들을 보십시오. 정말 잘 잊어버립니다. 애굽에서 하나님께서 큰 재앙으로 심판하신 것을 보고도 하나님을 신뢰하지 않고, 홍해 바다를 육지같이 건넌 큰 기적도 금방 잊어버립니다. 만나를 매일 먹어도 하나님에 대한 신뢰가 깊어지지 않았습니다. 그들은 항상 무슨 일만 일어나면, 과거의 일을 완전히 잊어버리고 하나님을 원망하였습니다.

그래서 하나님께서는 이스라엘 백성에게 "오늘 내가 네게 명하는 이 말씀을 마음에 새기라." 하고 명령하십니다. 새긴다는 말은 비유입니다. 사람들이 글을 보통 종이에 쓰지만, 돌에 새길 때도 있습니다. 왜 그렇게 합니까? 종이는 얼마 있지 않으면 없어집니다. 하지만 돌에 새긴 것은 거의 영구적입니다. 말씀을 마음에 새긴다는 것은 하나님의 말씀을 잊어버리지 않게 말씀을 우리 존재의 한 부분으로 만들라는 말입니다. 어떤 상황에서도 하나님의 말씀이 생각날 수 있도록 해야 한다는 것입니다. 이제 이스라엘은 마음에 새겨진 율법의 인도에 따라서 살아가게 되었습니다.

자녀 교육: 부모의 의무

자신의 마음에 율법을 새긴 부모들이 계속 가나안 땅에서 번영하기 위해서는 그들의 자녀들도 율법을 잘 지키게 해야 합니다. 그런데 그 자녀들이 율법을 잘 지키도록 할 의무가 누구에게 주어졌습니까? 바로 부모입니다. 이 점에서 오늘날 한국교회와 학교를 돌아볼 필요가 있습니다. 자녀 교육의 최고 책임자는 부모입니다─이것은 너무나도 분명한 성경적 진리인데, 많이 무시되고 있습니다. 부모가 자녀들을 가르치기 위해서는 본인들 스스로 하나님의 말씀을 먼저 새겨야 합니다. 이것이 자녀 교육의 첫 출발이 되어야 합니다. 자녀 교육은 부모 교육과 분리될 수 없습니다.

성경의 가르침과는 정반대로 한국 부모 대부분은 자녀 교육을 학교에 전적으로 맡겨 버립니다. 이것이 교회에도 적용되어서 부모들은 자녀들의 신앙교육을 다 교육 담당 전도사나 교사에게 맡겨 버립니다. 주로 전문성이라는 이름으로 이런 일들이 행해집니다. 부모들은 자신이 교육의 전문가가 아니니까 전문가에게 맡기는 것이 옳다고 생각하는 것이지요. 예를 들면, 성경은 목사가 잘 아니까 목사가 아이들을 가르치는 것이 더 효율적이라고 보는 것입니다. 그렇지 않습니다! 자녀의 신앙교육은 부모들이 해야 하고, 하나님은 자녀에 대해서 부모들에게 책임을 물으실 것입니다.

하나님께서는 부모들에게 하나님의 말씀을 자녀들에게 "부지런히" 가르치라고 명하시고 있습니다. 이 점에서 우리는 오늘날 교육관을 다시 한번 검토할 필요가 있습니다. 특별히 오늘날 인본주의적이고 낙관주의적인 교육관에 따르면, 아이들을 가르칠 필요가 없다고 합니다. 아이들은 스스로 배울 수 있으며 그렇게 배워야 한다고 생각합니다. 하지만 이 말은 일부는 맞고 일부는 틀립니다. 아이들은 스스로 배울 수 있습니다. 특히, 잘못된 것, 악한 것은 가르쳐 주지 않아도 얼마나 잘 하는지 모릅니다. 그러나 정말로 좋은 것, 바른 것, 바른 생활, 바른 태도는 정말로 가르치기가 쉽지 않습니다. 가만 놔두면, 그들이 나이가 먹어서 철이 들면 고쳐질까요? 그런 경우도 있지만 대부분 그렇지 않습니다. 예를 들면, 좋은 습관(책 읽는 습관)은 처음에 잘 익혀 놓지 않으면, 정말로 자기 것으로 만들기가 쉽지 않습니다. 어떤 사람은 어린아이들을 하고 싶은 대로 두는 것이 교육이라고 생각합니다. 그들은 방목을 해야 건강한 소가 되는 것처럼, 자녀들을 우리에 가두고 키워서는 안 된다고 봅니다. 하지만, 아이들을 방목하게 되면, 어떤 일이 벌어지는지를 우리는 너무나 잘 압니다. 식당이나 공공장소에 가 보시면, 방목된 아이들이 어떤 행동을 하는지 금방 볼 수 있을 것입니다.

방목을 해도 된다는 생각은 자기 스스로 절제를 잘하는 부모에게서 두드러집니다. 또한 부모의 도움이 없이 성공하거나 부모에 대해서 안 좋은 영향을 받은 경우에서도 나타납니다. "내가 뭐 부모님이 공부하라고 해서 공부했나, 내가 좋아서 열심히 했지." 물론 이런 경우가 없는 것은 아닙니다. 하지만, 그렇게 잘 된 것은 여러분이 잘 나서가 아니라 하나님의 은혜라는 것을 먼저 아셔야 합니다. 더 나아가 여러분이 그렇게 되었다고 해서, 여러분의 자녀들도 그렇게 되리라는 법은 없다는 것입니다. 물론 여러분의 자녀들이 부모를 닮겠지만, 모든 부분에서 닮는 것은 아닙니다. 우리의 자녀를 우리의 경험에 근거하여 가르치는 것이 아니라, 하나님께서 정하신 대로 가르치는 것이 부모된 자들이 해야 할 일입니다.

그렇다면 구체적으로 어떻게 부지런히 아이들을 가르쳐야 할까요? 항상 그리고 어디에서나 가르쳐야 합니다. 오늘 본문 말씀에 보면, 집에 앉았을 때에도, 길을 갈 때에도, 누웠을 때에도, 일어날 때에도 말씀을 가르쳐야 합니다. 이는 아이들을 교육하는 데 매우 중요합니다. 인간은 기본적으로 타락한 존재이기 때문에, 환경에 금방 적응을 합니다. 누가 있으면 아주 모범생인 척하다가 아무도 없으면 자기 마음대로 합니다. 집에서는 괜찮은데, 어디 나가기면 하면 영 다른 아이가 되는 경우도 많습니다.

자기 자녀들이 학교에서 처음 사고를 쳤을 때, 부모 대부분은 자기 자녀들이 그런 나쁜 행동을 했을 것이라고 생각하지 않습니다. 이 점에서 우리 부모들은 우리의 자녀들이 집에서도, 집밖에서도 동일한 생활원리에 따라 살도록 지도해야 할 것입니다. 특히 집밖에서가 문제입니다. 집밖에 나가면 부모들은 남을 의식하게 됩니다. 그리고 이 약점을 어린아이들이 잘 알고 이용하는 경우가 많지요. 남을 의식해서 행동하는 자녀 교육이 매우 위험한데, 집 안과 집 밖에서 아이들에게 적용되는 규범이 달라지기 때문입니다. 이렇게 되면, 아이들에게 하나님은 집이나 교회에서의 하나님은 되지만, 학교에서 또는 집밖에서는 하나님이 될 수가 없습니다. 이 점에서 우리는 우리 자녀들에게 언제 어디서나 하나님의 법이 그들의 삶의 기준이 된다는 점을 늘 가르쳐야 합니다.

또한 주의 말씀을 집안 어디에서도 볼 수 있도록 해야 합니다. 부모부터 자기 손에 말씀을 매고, 자기 이마에 붙이고 다녀야 합니다. 집안에서 가장 잘 보이는 곳(문설주와 현관문)에 기록된 말씀을 붙여야 합니다. 누가 보아도 자녀들에게 우리 부모는 하나님을 섬기는 자들이고, 우리 집은 하나님을 섬기는 집이라는 것을 확실히 보여 주라는 것입니다.

어떻게 보면, 우리가 읽은 성경 말씀에 따르면 자녀들에 대한 신앙교육이라는 것은 거의 세뇌교육이고 주입식 암기교육이라고 할 수 있습니다. 우리 자녀들은 주의 말씀을 마음에 새겨야 합니다. 그것을 집에서 부지런히 배워야 하고, 밖에서도 항상 그 말씀을 들을 수 있어야 합니다. 이런 교육 방법은 오늘날 현대 교육에서 무시되고 있는 방법이지만, 꼭 틀린 방법이라고 할 수 없습니다. 특히 성경 암송이야말로 가장 좋은 신앙교육 방법이고, 또한 교리문답을 반복하는 것 역시 아주 좋은 교육 수단입니다.

부지런히 가르치기: 부모의 의무

오늘 우리가 읽은 본문 말씀은 자녀 교육에 대한 중요한 원리, 그리고 방법까지 구체적으로 제시하고 있습니다. 성경은 부모에게 부지런히 자녀들을 가르치라고 명하고 있습니다. 부모들은 부지런한 사람이 되어야 합니다. 반대말은 게으른 사람입니다. 잠언에 보면, 부지런한 사람은 지혜로운 사람이고, 게으른 사람은 어리석은 사람이라고 규정하고 있습니다. 부지런한 부모는 지혜로운 부모입니다. 이것이 자녀 교육에서도 잘 나타나야 하겠습니다.

부모는 자신의 신앙을 자녀들의 마음속에 집어넣을 수 없습니다. 그것은 오직 하나님만이 할 수 있는 일입니다. 그러나 하나님은 우리에게 자녀들을 맡기셨고, 우리가 해야 할 일은 하나님의 말씀을 부지런히 가르치는 일입니다. 이 일을 감당할 때, 하나님은 우리 자녀들에게 믿음을 주실 것입니다. 그리고 우리의 자녀들도 우리와 같이 같은 하나님을 섬기고 살 것입니다. 이런 삶을 살아가는 자들에게 하나님은 번영을 약속하십니다. 주님께서 말씀하십니다. "이스라엘아 듣고 삼가 그것을 행하라. 그리하면, 네가 복을 받고 네 조상들의 하나님 여호와께서 네게 허락하심 같이 젖과 꿀이 흐르는 땅에서 네가 크게 번성하리라." 이 약속의 말씀은 모세와 이스라엘에게만 적용되는 말씀이 아니라, 그리스도 안에서 살아가는 모든 하나님의 백성을 향하신 말씀입니다. 이 약속을 굳게 붙들고 부지런히 자녀들에게 주의 말씀을 가르치는 성도들이 되시기를 바랍니다.

4장

"나의 어여쁜 자": 결혼의 아름다움

내게 입맞추기를 원하니, 내 사랑이 포도주보다 나음이로구나! | 아 1:2 |

내 사랑아! 너는 어여쁘고 어여쁘다. 네 눈이 비둘기 같구나! | 아 1:15 |

네가 어찌 그리 아름다운지, 네 키는 종려나무 같고 네 유방은 그 열

매송이 같구나! | 아 7:6-7 |

아가서에 대한 무관심

성경 중에서 가장 재미있으면서도 잘 읽히지 않는 책이 아가서일 것입

니다. 아가서를 제대로 한 번 읽어 보셨습니까? 그때 여러분은 어떤 느

낌이 들었습니까? 아마 처음 읽었을 때 성경에 "이런 책도 있었네!"라는

생각이 들었을 것입니다. 그리고 나서 "왜 이런 책이 성경에 있지?"라는

질문을 했을 것입니다. 질문에 대한 답을 찾기가 쉽지 않기 때문에 대부

분 더 이상 주목하지 않고 그냥 대충 읽고 넘어갔을 것입니다.

성도들이 아가서를 열심히 읽지 않는 이유에는 여러 가지가 있습니다. 첫째, 이 책은 비록 분량은 적지만 아주 어려운 책에 속합니다.[5] 아무리 읽어도 "영적인" 교훈을 찾기가 쉽지 않습니다. 아가서에는 하나님에 대한 언급이 단 한 번 등장할 뿐입니다(8:6). 그것도 주변적인 역할에 지나지 않습니다. 이같은 이유 때문에 아가서를 통해서 어떤 중요한 신학적 교리를 배우는 것은 거의 불가능합니다. 사실 겉으로 보기에 아가서는 단지 남녀 간의 사랑을 노래한 시로 보입니다. 만약 아가서가 성경에 들어있지 않았다면 아가서를 하나님의 말씀으로 인식하는 것은 결코 쉬운 일이 아닙니다.

둘째, 아가서는 노래를 위해 작성된 시입니다. 시는 기본적으로 여러 가지 비유를 통해 함축적으로 표현되어 있습니다. 오늘날 현대어로 작성된 시도 이해하기가 어려운데 무려 3000년 전에 지어진 시를 이해하는 것은 결코 쉬운 일이 아닙니다. 심지어 우리 한글 성경은 산문으로 번역이 되어 처음 접하는 사람들은 아가서가 시라는 것도 잘 모릅니다. 그리고 이 노래는 남자와 여자가 서로 교대하면서 부르는 이중창과 합창이 결합된 노래인데, 대부분의 한글 성경에는 그런 표시가 거의 나와 있지 않아서 어디부터 신랑의 노래이고 어디부터 신부의 노래인지, 그

---

5 아가서에 대한 입문서로는 다음 책을 참고하십시오. 더글러스 숀 오도넬, 김태곤 역, 『아가: 친밀함으로의 초대』(서울: 부흥과개혁사, 2012).

리고 어디서부터 예루살렘 여인들의 노래인지 알기가 불가능합니다. 하루 속히 제대로 된 번역이 나올 필요가 있습니다. 그때까지는 스터디 바이블이라도 활용하면서 아가서를 읽을 수밖에 없습니다.

셋째, 앞의 문제와 연결되어 있지만 번역의 어려움이 있습니다. 아가서 1장 2절을 봅시다. 입맞춤을 어떻게 번역하는 것이 좋을까요? 물론 입맞춤이라고 표현할 수도 있겠지만 문맥으로 보았을 때 "키스"라는 말이 더 정확한 표현이라고 생각합니다. 실제로 우리나라에서 "입을 맞추다"라는 표현은 거의 사용되지도 않습니다. 실제 아가서 원문은 우리 한글 성경보다 훨씬 더 성적인 사랑이 강하게 표현되어 있습니다. 이런 표현이 우리말로 옮겨지면서 우리에게 잘 느껴지지 않는 것이 문제입니다. 예를 들어서, 아가서에서 등장하는 포도는 우리나라에서는 산딸기에 해당한다고 할 수 있는데 포도를 그대로 포도로 번역해 버렸기 때문에 한국 사람들은 그 뉘앙스를 제대로 알기가 어렵습니다.

최고의 노래

아가서를 어떻게 보든지 간에 가장 중요한 것은 이 책도 하나님의 말씀이라는 사실입니다. 저는 이것을 정말 강조하고 싶습니다. 그리고 이 책이 정말 하나님의 말씀이라면 신자들은 정기적으로 이 말씀을 읽어야 합니다. 물론 앞에서 말한 어려움이 있는 것은 사실입니다. 그렇다고 하더라도 여러 안내서나 설명서의 도움을 받으면서 읽어야 합니다. 여러 번 읽다 보면 본문이 말하는 바를 조금씩 더 알아가게 될 것이고 그 지식을 통해서 하나님께서 원하시는 혼인 생활을 하는 데 많은 도움을 얻게 될 것입니다.

그 다음에 우리가 주목해야 할 것은 이것이 시(詩)라는 점입니다. 아마도 원래 이 시는 노래를 위해서 만들어졌을 것입니다. 시가 산문과 다른 점은 함축적이고 외우기 좋다는 것입니다. 이스라엘 백성은 이 시를 읽었을 뿐만 아니라 암송도 했습니다. 시를 해석할 때 가장 주의해야 할 것은 문자적으로 해석하는 것입니다. 아가서에 나오는 문틈, 머리, 다리 등의 단어들은 남자와 여자의 성기를 비유적으로 표현하는 단어들입니다. 시에 대한 이런 기본적인 이해가 없으면 아가서를 제대로 이해하기가 어렵습니다.

아가서라는 말은 우리에게 생소한 말입니다. 평상시에는 거의 쓰지 않는 말이기 때문입니다. 아가는 한문으로 "雅歌"라고 하는데 우리말로 직역하자면 우아한 노래가 될 수 있을 것입니다. 이 아가서의 원래 책 제목은 "솔로몬의 노래들 중의 노래"입니다. 노래들 중의 노래는 히브리어에서 최상급으로 잘 사용되기 때문에 여러 노래들 중의 하나가 아니라 최고의 노래라는 의미를 가지고 있습니다. 오늘날 신자들이 찬송에 대한 관심은 참 많은 것 같은데 하나님께서 주신 최고의 노래인 아가서에 대해서 무관심한 것은 참 아이러니라고 할 수 있습니다.

하나님이 솔로몬을 통해 주신 이 최고의 노래는 기본적으로 신랑과 신부의 사랑을 노래한 것입니다. 간단히 말하면 연가(戀歌)라고 할 수 있습니다. 이렇게 말하면 당장, 그렇다면 그런 내용이 어떻게 성경의 일부가 될 수 있는가라고 질문할 것입니다. 실제 전통적으로는 아가서를 신랑과 신부의 연가로 보기보다는 하나님과 이스라엘 백성과의 사랑이나 그리스도와 교회의 사랑으로 해석했습니다. 물론 그런 해석이 완전히 잘못된 것은 아니지만 그런 식으로만 보면 아가서의 자연스럽고 풍성한 의미를 온전히 파악하기가 어렵습니다.

결론적으로 말해서 아가서는 신랑과 신부의 사랑을 노래한 하나님의 말씀입니다. 남녀 간의 사랑이 하나님의 말씀이 될 수 있을까요? 될 수 있습니다. 다시 최초의 결혼으로 돌아가 봅시다. 그곳에서 우리는 아담이 불렀던 최초의 노래를 발견하게 됩니다. "이는 내 뼈 중의 뼈요 살 중의 살이라." 아담의 노래가 아주 간단한 시라면 아가서는 상당히 긴 시라고 할 수 있습니다. 최초의 노래는 하나님의 형상이자 아들로 창조된 아담이 지었고 최고의 노래인 아가서는 다윗의 아들인 솔로몬이 하나님의 감동으로 지었습니다. 그래서 아가서는 아담의 노래에 대한 주석이라고 불립니다.

솔로몬: 지은이

아가서는 솔로몬의 노래입니다. 이 말은 여러 가지로 해석될 수 있습니다. 솔로몬이 지었다는 의미가 될 수도 있고 솔로몬에게 헌정되었다는 의미가 될 수도 있고 솔로몬에게 속했다는 의미가 될 수도 있습니다. 하지만 전통적으로 아가서는 솔로몬이 지었다고 알려져 있습니다. 또한 솔로몬이 실제로 짓지는 않았다고 하더라도 솔로몬의 노래로 알려졌기 때문에 솔로몬을 이해하지 않고 이 노래를 이해하는 것은 불가능합니다. 실제로 이 노래에 솔로몬이 여러 번 등장하고 있습니다. 그러나 확실한 것은 왕이 하나님의 백성을 위해서 지은 노래가 바로 아가서라는 사실입니다.

독자 대부분은 솔로몬에 대해서 몇 가지 중요한 사실을 알고 있을 것입니다. 여기에서 솔로몬의 모든 삶을 다룰 필요는 없다고 생각합니다. 솔로몬은 이스라엘의 세 번째 왕입니다. 따라서 아가서는 왕이 지은 노래입니다. 왕이 이 노래를 지은 이유는 무엇일까요? 아내에 대한 사랑의 감정을 표현하기 위해서일까요? 그렇다면 아가서는 지극히 개인적인 노래에 지나지 않을 것입니다. 솔로몬이 이 노래를 지은 이유는 자기가 다스리는 이스라엘 백성이 부르기를 원했기 때문입니다. 이스라엘은 구약시대에 하나님의 나라를 의미하며 오늘날에는 성도들의 모임인 교회라고 할 수 있습니다. 이것을 이해해야 왜 대한민국 사람이 이스라엘 왕이 지은 노래를 알아야 하는지를 이해할 수 있습니다.

이스라엘의 왕인 솔로몬은 다윗의 아들입니다. 이것이 아가서를 이해하는 데 매우 중요한 요소입니다. 솔로몬은 문자적인 의미에서 "다윗의 아들"입니다. 그러나 이것은 또한 모형적인 의미를 가집니다. 솔로몬은 단순히 생물학적으로 다윗의 아들일 뿐만 아니라 진정한 의미에서 다윗의 아들인 그리스도를 예표하고 있기 때문입니다. 하나님은 다윗과 영원한 언약을 맺으셨고 이 언약 때문에 이스라엘 백성은 항상 다윗의 아들을 메시야로 갈망하였습니다. 우리 한글 성경에는 "다윗의 자손"이라고 표현되어 있는데 문자적인 표현은 모두 "다윗의 아들"입니다. 우리는 마태복음 1장 1절에서 "다윗의 아들"이라는 표현을 보게 되는데[6] 이 표현이야말로 예수님이 누구신지를 가장 확실하게 알려 줍니다. 만약 우리가 아가서를 이런 관점에서 본다면 아가서는 궁극적으로 다윗의 아들이신 예수 그리스도의 노래라고도 할 수 있습니다.

이스라엘의 왕이요 다윗의 아들로서 솔로몬은 두 가지 중요한 일을 자기 백성을 위해서 이룩했습니다. 하나는 성전을 지은 것이고 다른 하나는 성경을 기록한 것입니다. 솔로몬의 성전과 솔로몬의 성경은 공통점이 있는데 바로 지혜입니다. 솔로몬은 하나님께서 주신 최고의 지혜를 따라 건축하였고, 그 지혜를 책으로 저술하였습니다. 이것을 통해 솔

---

6 한글 성경에는 "아브라함의 아들"과 순서가 바뀌었습니다.

로몬은 이스라엘의 진정한 통치자가 자신이 아니라 하나님이시라는 것을 실제로 백성에게 가르쳤습니다.

솔로몬은 지혜의 왕으로 알려져 있습니다. 그가 왕이 되었을 때 일천 번제를 여호와 하나님께 드렸고 그 제사를 기쁘게 받으신 하나님께서는 솔로몬에게 한 가지 소원을 구하라고 말씀하셨습니다. 이때 솔로몬은 지혜를 구하였고 이 소원이 하나님의 뜻에 맞았기 때문에 하나님께서는 그 소원을 들어주셨습니다. 한 아이를 두고 다투는 여인을 올바로 재판하여 진짜 어머니를 가려낸 소위 "솔로몬의 재판"은 솔로몬의 지혜가 하나님의 지혜라는 것을 보여주는 대표적인 사건입니다. 또한 열왕기상 10장에 보면 스바 여왕이 솔로몬의 지혜가 얼마나 대단하지를 확증하고 있습니다. 솔로몬에게 여러 질문을 했을 때 솔로몬이 모두 거침없이 대답하자 스바 여왕은 이렇게 탄성을 질렀습니다. "내가 내 나라에서 당신의 행위와 당신의 지혜에 대하여 들은 소문이 사실이로다. 내가 그 말들을 믿지 아니하였더니 이제 와서 친히 본즉 내게 말한 것은 절반도 못되니 당신의 지혜와 복이 내가 들은 소문보다 더하도다"(10:6-7).

이방 여왕이 아주 먼 곳으로부터 와서 솔로몬의 지혜의 말을 듣고 여호와 하나님을 송축한 것은 구속사적으로 대단히 중요한 사건입니다. 예수님도 이 사건을 인용하시면서, 가나안 땅에 살면서도 "솔로몬보다 더 큰 이"의 복음을 거부한 이스라엘을 책망하셨습니다(마 12:42). 솔로몬의 지혜는 단지 구약의 유대인들을 위한 것이 아니라 하나님께서 택하신 모든 이방인을 위한 것이라는 사실을 이해하는 것이 대단히 중요합니다. 따라서 솔로몬의 지혜는 오늘날 대한민국에 살아가는 하나님 나라의 백성을 위한 지혜이고, 그가 쓴 노래 역시 우리를 위한 노래입니다.

지혜문학의 중요성: 어떻게 살 것인가?

아가서는 구약성경에서 지혜문학에 속하는 책입니다. 여기에 속하는 대표적인 책이 잠언, 전도서, 아가서입니다. 신약에는 야고보서가 여기에 포함된다고 할 수 있지요. 우리는 로마서와 같이 복음의 핵심이 체계적으로 정리된 책도 잘 알아야 하지만, 잠언이나 아가서와 같은 지혜서도 잘 알아야 합니다. 로마서와 같은 책은 우리가 어떻게 구원을 받는가에 대해서 알려준다면, 잠언은 구원받은 백성이 어떻게 집안과 하나님 나라를 잘 경영해야 하는지를 알려주고, 전도서는 헛된 세상 속에서 어떻게 행복하게 살 수 있는지를 알려줍니다. 에베소서가 부부의 비밀에 대해서 구속사적으로 설명해 준다면, 아가서는 부부가 된 사람이 어떻게 아름답게 사랑하면서 살아가는지를 가르쳐 주는 성경입니다.

　신자의 삶은 예수님을 믿으면 끝나는 것이 아닙니다. 오히려 예수님을 믿는 순간부터 새로운 삶을 시작합니다. 구원받기 위해서는 믿음이 필요하지만 행복하게 살기 위해서는 지혜가 필요합니다. 잠언은 지혜에 대해서 이렇게 설명합니다. "지혜는 그 얻은 자에게 생명나무라. 지혜를 가진 자는 복되도다"(3:18). 그렇습니다. 지혜는 생명나무입니다. 그런데 여러분은 지혜에 대해서 얼마나 관심을 가지고 계십니까? 아쉽게도 지혜의 중요성을 제대로 인식하는 분은 그렇게 많지 않은 것 같습니다. 지혜에 대해서 한 가지만 말씀드리겠습니다. 오늘날 교회가 어려움을 겪고 있는 중요한 이유는 교회 안에 믿음이나 사랑이 없어서가 아니라 지혜가 없기 때문입니다. 교회 안에 지혜자가 없으니 성도간의 다툼이 해결되지 않고 결국 교회 문을 닫는 경우가 생깁니다.

지혜는 스스로 얻을 수 있는 것이 아닙니다. 경험이 많다고 지혜가 많은 것도 아니고 나이를 먹는다고 해서 자동으로 생기는 것도 아닙니다. 무엇보다 타락 이후 인간은 지혜를 상실한 미련한 존재일 뿐입니다. 진정한 지혜는 하늘에서 내려옵니다(참고. 약 3:15, 17). 따라서 지혜를 얻기 위해서는 하늘에 계신 하나님께 구해야 합니다. 그래서 야고보 사도는 이렇게 신자들에게 교훈합니다. "너희 중에 누구든지 지혜가 부족하거든 모든 사람에게 후히 주시고 꾸짖지 아니하시는 하나님께 구하라. 그리하면 주시리라"(1:5). 그렇다면 누가 지혜를 구할 수 있을까요? 그렇습니다. 지혜가 생명나무처럼 정말 중요하다는 것을 깊이 인식하는 사람이 간절히 구할 수 있습니다. 지혜는 모든 하나님의 백성에게 이렇게 외칩니다. "나를 사랑하는 자들이 나의 사랑을 입으며 나를 간절히 찾는 자가 나를 만날 것이니라"(잠 8:17). "나를 잃는 자는 자기 영혼을 해하는 자라. 나를 미워하는 자는 사망을 사랑하느니라"(잠 8:36).

오늘날 신자들이 지혜를 하나님께 구하지 않거나 간절히 구하지 않는 가장 큰 이유는 지혜의 중요성을 알지 못하기 때문입니다. 아마도 스스로 지혜롭다고 생각할지도 모릅니다. 또는 지혜가 없어도 아무 문제 없이 잘 살아왔기 때문입니다. 결국 교만이 가장 큰 원인입니다. 마찬가지로 오늘날 신자들이 결혼의 풍성함을 잘 누리지 못하는 이유도 교만 때문입니다. 아가서는 성생활을 포함하여 부부가 아름답게 살아가는 지혜를 가르쳐 주는 대표적인 성경입니다. 성경으로부터 바른 부부 생활을 배우지 못하니 각자 소견에 옳은 대로 부부 생활을 하게 됩니다.

결혼식을 위한 노래

아가서는 특별히 결혼식을 위한 노래로 작성되었습니다. 이 점에서 우리는 아가서가 노래라는 것을 다시 한번 기억할 필요가 있습니다. 아가서의 주목적은 설교를 위한 것도 아니고, 교육을 위한 것도 아닙니다. 노래로 불리기 위한 것입니다. 노래에는 여러 종류가 있습니다. 장례식에서 부르는 노래도 있고, 임직식에서 부르는 노래도 있고, 성전에서 부르는 노래도 있습니다. 그렇다면 아가서는 언제 어디에서 부르는 것이 가장 좋을까요? 당연히 결혼식이지 않겠습니까? 시편이 성전에서 불리는 하나님에 대한 찬송이라면 아가서는 결혼식장에서 불리는 사랑의 송가라고 할 수 있습니다.

우리나라에서 결혼식은 보통 하루에 다 치르지만 이스라엘의 결혼식과 결혼 잔치는 1주일 정도 진행되었습니다. 여기에 대한 대표적인 예를 우리는 요한복음 2장에서 찾아 볼 수 있습니다. 요한복음 2장은 가나의 혼인 잔치에서 예수님께서 물로 포도주을 만든 기적으로 유명합니다. 이것은 예수님께서 행하신 첫 이적인데 타락으로 깨졌던 혼인을 회복하는 것이 메시야의 중요한 사역 중 하나라는 것을 시사하고 있습니다. 요한복음의 후속작인 요한계시록은 새 하늘과 새 땅을 어린 양의 혼인 잔치로 마감하고 있습니다. 오늘날 예배에서 시행되는 성찬은 그 혼인 잔치를 '지금 여기'에서 미리 맛보는 현장입니다.[7]

잔치에서 중요한 요소는 음식과 술과 노래입니다. 혼인 잔치에 참여한 사람들은 먹고 마시고 즐기면서 자신의 기쁨을 표현합니다. 술이 들어가면 사람들이 쉽게 판단력을 잃기가 쉽습니다. 맨정신일 때는 건전하고 아름다운 노래를 부르다가, 술에 취할수록 점점 불건전하고 감정을 자극하는 저질노래를 부르기가 쉽습니다. 솔로몬은 하나님 나라의 백성이 혼인 잔치에서도 거룩함을 잃지 않기를 원했습니다. 그래서 자신이 직접 아가서를 지어서 자신의 백성이 혼인 잔치에서 기쁘게 부르게 하였습니다. 열왕기상 4장 32절에 따르면 솔로몬은 무려 1005편의 노래를 지었습니다. 아쉽게도 우리는 그 노래를 다 알 수 없지만 아가

---

7 여기에 대해서는 다음 책을 참고하십시오. 이성호, 『성찬: 천국잔치 맛보기』 (여수: 그라티아, 2016).

서는 그 중에서도 가장 뛰어난 노래일 것입니다.

이 점에서 우리는 노래의 힘에 대해서 다시 한번 생각해 보아야 합니다. 목사는 강단에서 성도들에게 결혼의 신성함에 대해서 설교만 하지 말고 결혼의 아름다움과 기쁨을 노래로 표현하는 법도 가르쳐야 합니다. 물론 설교와 찬송은 아주 밀접한 관계가 있습니다. 아가서가 노래로 불리기 위해서는 먼저 아가서가 강단에서 설교로 선포되어야 하고 성도들은 아가서를 시간이 날 때마다 묵상을 해야 합니다. 이와 같은 관심들이 쌓일 때 아가서는 좋은 노래로 나올 것이고 성도들에게 불리게 될 것입니다. 최근에 시편찬송에 대한 관심이 많아져서 여러 종류의 시편찬송이 출간되고 있는데, 아쉽게도 아가서에 대한 관심은 여기에 미치지 못하는 것 같습니다.

아가서를 통해서 우리가 확실하게 알 수 있는 한 가지 사실은 하나님께서는 우리로 하여금 배우자에게 사랑의 감정을 표현하기를 원하신다는 것입니다. 비록 한국어로 된 아가서 노래는 없지만 아가서에 나온 표현을 얼마든지 사용할 수 있을 것입니다. 저의 경우 제 아내를 부를 때 "비둘기"라는 단어를 오랫동안 사용하였습니다. 지금도 휴대폰에 제 아내의 전화번호는 "비둘기"라는 이름으로 저장되어 있습니다. 아내에 대한 아름다운 표현들은 부부 사이를 훨씬 친밀하게 만드는 역할을 하였습니다. 물론 각자의 표현이나 방식이 있을 것입니다. 이스라엘과 우리나라는 비유법이 다르기 때문에 문자적으로 적용하는 것이 적절하지 않을 수 있습니다. 하지만 아가서는 가장 안전한 지도의 역할을 할 수 있다고 생각합니다.

"키스해 주세요"

이 책이 아가서에 대한 주석은 아니기 때문에 아가서의 내용은 한두 가지만 다루고 마치도록 하겠습니다. 아가서는 신부의 노래로 시작합니다. "솔로몬의 아가라"라는 서문만 빼 놓으면 아가서의 가장 첫 단어는 키스입니다. 우리나라는 "내게 입맞추기를 원하니"라고 아주 점잖게 표현해서 그냥 가볍게 입맞춤 한 번 해달라고 하는 느낌을 주는데 원문에는 "그 입의 키스들로"라는 표현이 있기 때문에 한 번의 입맞춤이 아니라 여러 번의 키스를 의미하며 그 의미는 열정적으로 키스를 해달라는 표현입니다.

적어도 아가서에 따르면 아내가 남편에게 첫 번째로 원하는 것은 키스입니다. 아내는 남편으로부터 키스를 받고 싶어 하는 존재입니다. 그렇다면 남편이 아내에게 해야 할 중요한 의무는 키스를 통해서 아내에게 사랑을 표현하는 것입니다. 여기서 다시 강조하지만 아가서는 율법책이 아니라 지혜서입니다. 모든 아내가 반드시 남편에게서 키스를 첫 번째로 원하는 것은 아니라는 말입니다. 그러나 거의 모든 아내는 남편이 자기에게 사랑의 키스를 해 주기를 바랍니다. 그런데 이 사실을 지혜

없는 남편이 어떻게 알까요? 바로 아가서를 통해서 알 수 있습니다. 더 확실한 것은 아가서처럼 아내가 남편에게 키스해 달라고 요구하는 것이지요.

사랑의 노래는 놀랍게도 신부의 초대에서 시작됩니다. 키스는 친밀한 사랑의 시작입니다. 이 신부의 음성은 하나님께서 준비한 아름다운 사랑의 초대입니다. 남편이 아내의 초청에 응답하여 키스를 하게 되면 남편은 흥분하게 되고 아내를 더 깊이 애무하면서 최종적으로는 성관계로 이어지게 되지요. 그렇다면 아내에게 키스를 어떻게 해야 할까요? 아쉽게도 아가서는 거기에 대해서는 침묵하고 있습니다. 아가서는 구체적인 성적 행동에 대해서는 매우 절제된 표현과 언어를 사용하고 있습니다. 이것은 우리가 교회에서 성 문제를 최대한 신중하게 다루어야 한다는 것을 잘 보여주고 있습니다.

신부의 초청에 신랑은 9절에서 다음과 같이 화답하고 있습니다. "내 사랑아! 내가 너를 바로의 병거의 준마에 비하였구나!" 이것은 신랑이 부르는 첫 노래입니다. 남편은 아내를 "내 사랑"이라고 부릅니다. 이 표현은 놀랍게도 아가서에서만 아홉 번 등장하는 표현입니다(1:9, 15; 2:2, 10, 13; 4:1, 7; 5:2; 6:4). "내 사랑"은 남편이 아내를 지칭하는 가장 친근한 표현입니다. 바로는 사실 이스라엘 백성을 핍박했던 대표적인 존재였음에도 불구하고 솔로몬 시대에 와서는 그런 이미지가 많이 사라진 것 같습니다. 솔로몬 당시에도 애굽은 여전히 강대국이었고, 오늘날 발견되는 조각상 중에는 바로의 병거를 끄는 말이 아주 정교한 보석들로 장식되어 있는 것을 볼 수 있습니다. 지금 남편은 신부가 자신을 위해서 단장한 모습을(계 21:2) 아름답게 노래하고 있는 것입니다. 노래를 하면서 남편은 신부의 장식, 그녀의 머리, 그녀의 눈에서 시작하여 점점 더 신부의 은밀한 부분(배꼽, 허벅지, 유방 등)으로 옮겨갑니다.

남편이 아내의 몸을 묘사하는 것은 우리에게 익숙하지 않습니다. 하지만 아가서는 남편들에게 아내의 아름다운 몸을 묘사하는 것이 얼마나 중요한지를 가르쳐 주고 있습니다. 아내는 남편에게 "예쁘다"는 소리를 직접 듣고 확인하고 싶어 합니다. 이것은 나이가 들수록 더 그러한데 나이가 들면 육체적인 매력을 점점 상실하게 되기 때문입니다. 당연히 남편이 젊은 여성들에게 눈길을 주는 것을 질투할 수밖에 없지요(물론 남편이 다른 여성들에게 눈길을 주는 것은 나쁜 것입니다). 그렇기 때문에 남편은 아내가 예쁘고 아름답다는 것을 구체적으로 자주 확인해 주어야 합니다. 아마 이런 남편이 있을 것입니다. "그걸 꼭 말로 해야 합니까?" 그렇습니다. 말로 해야 합니다. 노래로 하면 더 좋습니다.

아가서에서 제가 제일 강조하고 싶은 것은 신랑과 신부가 서로를 왕과 왕비에 비하고 있다는 사실입니다. 이것은 행복하고 아름다운 부부 생활을 위해 매우 중요합니다. 남편이 사람들 보기에 아무리 천한(천하게 보이는) 일을 한다고 하여도 아내의 눈에는 왕으로 보여야 합니다. 적어도 왕으로 대접받아야 합니다. 믿음의 여인 사라는 아브라함을 주라 칭

하여 복종함으로 자신을 아름답게 단장하였습니다(벧전 3:6). 아내에게도 마찬가지입니다. 아무리 평범해 보여도 남편은 아내를 왕비로 바라보아야 합니다. 우리 모두가 하나님의 선택된 백성으로서 "왕같은 제사장"이라는 사실을 잊지 말아야 하겠습니다(벧전 2:9).

5장
부부의 질서: 사랑과 복종

절대적 평등?

이번 장에서 다루는 주제는 부부가 되었을 때 남편과 아내가 어떤 관계에 들어가는가입니다. 부부가 한 몸이 되었으니 둘 사이에는 아무런 차이가 없는가? 둘 사이는 절대적으로 동등한 관계인가? 이와 같은 질문들을 오늘날 성경적으로 다루는 것은 매우 어렵습니다. 왜냐하면 오늘날 계몽주의 영향을 받은 사람들은 남편과 아내 사이에 어떤 질서가 있다는 개념을 받아들이기를 매우 어려워하기 때문입니다. 이미 자신들이 가지고 있는 가치관을 가지고 성경을 읽기 때문에 성경도 비판의 대상이 됩니다. 특별히 오늘날 페미니즘의 영향을 많이 받은 여성들은 성경에 있는 분명한 교훈들을 반대하거나 삭제하거나 변질시키거나 자신들의 입맛에 맞게 해석합니다. 물론 성경의 가부장적인 요소들을 문자 그대로 가져와서 여성들을 억압하는 것도 심각한 문제이지만 성경에 분명히 나와 있는 가르침마저 거부하는 것은 올바른 태도가 아닙니다.

같은 성경을 보더라도 남녀 관계에 대해서 이렇게 시각 차이가 나는 이유는 성경이 이 문제를 한 곳이 아니라 여러 곳에서 부분적으로 다루기 때문입니다. 그 결과 성경이 어떤 곳에서는 남녀평등을 이야기하는 것 같고 어떤 곳에서는 남녀의 차별을 이야기하고 있는 것처럼 보입니다. 대표적으로 다음 성경 구절을 살펴봅시다.

> 남자는 하나님의 형상과 영광이니 그 머리를 마땅히 가리지 않거니와 여자는 남자의 영광이니라. 남자가 여자에게서 난 것이 아니요 여자가 남자에게서 났으며, 또 남자가 여자를 위하여 지음을 받지 아니하고 여자가 남자를 위하여 지음을 받은 것이니, 그러므로 여자는 천사들로 말미암아 권세 아래에 있는 표를 그 머리 위에 둘지니라. 그러나 주 안에는 남자 없이 여자만 있지 않고 여자 없이 남자만 있지 아니하니라. 이는 여자가 남자에게서 난 것 같이 남자도 여자로 말미암아 났음이라. 그리고 모든 것은 하나님에게서 났느니라.
>
> | 고전 11:7-12 |

이 구절을 어떻게 해석해야 할까요? 전반부만 강조하면 남자가 여자보다 우월하다는 생각을 가질 것입니다. 그러나 마지막 문장에 주목하게 되면 남자와 여자 사이에는 아무런 차별이 없다는 생각을 가지겠지요. 또는 이것은 2000년 전 고린도 교회의 특별한 상황과 관련되어 있으니 오늘날 우리와 아무런 상관이 없다고 생각할 수도 있습니다. 여기에서 우리가 잊지 말아야 할 것은 모든 성경이 하나님의 말씀이며, 오늘 우리를 위한 말씀이라는 사실입니다. 그렇다면 우리는 성경에 있는 모든 가르침을 겸손하게 받아들여야 합니다.

위 말씀에 따르면, 성경은 남편과 아내의 관계를 서술할 때 동등도 이야기하지만 질서도 이야기합니다. 따라서 참된 신자는 이 모든 것을 다 받아들여야 합니다. 고린도전서에 따르면 남자와 여자는 모두 다 하나님에게서 났고, 여자가 남자에게서 난 것같이 남자도 여자로 말미암아 났음에도 불구하고 여자는 남자의 권세 아래 있다는 것입니다. 우리 생각에는 이 두 가지가 서로 상충하는 것처럼 보이지만 성경은 이것을 아주 자연스럽게 설명하고 있습니다. 이를 제대로 이해하기 위해서는 타락 이후의 지금의 결혼이 아니라 타락 이전의 최초의 결혼을 잘 이해해야 합니다. 이 관점을 가지고 있지 않으면 바울 사도의 가르침을 제대로 이해할 수가 없습니다.

삼위일체와 부부

부부의 관계를 이해할 때 삼위일체의 관점을 가지는 것은 매우 중요합니다. 삼위일체와 부부가 무슨 상관이냐고 생각할 수 있겠지만 부부가 하나님의 형상이고 하나님은 삼위 하나님 이외에 다른 하나님이 존재하지 않는다는 것을 인정한다면 부부는 삼위 하나님의 형상이라는 결론에 쉽게 도달하게 될 것입니다. 이 세상에서 삼위일체의 유비를 찾는 것은 거의 불가능하지만 삼위 하나님을 유비적으로 이해하기 가장 쉬운 것이 부부라고 할 수 있습니다. 남편과 아내가 둘이지만 한 몸이 되었듯이, 삼위로 존재하시는 분이 한 본질로 존재하십니다.

삼위일체의 신비를 다 설명할 수 없지만 간단히 설명하면, 성부, 성자, 성령님은 신성에 있어서 동일하고 능력과 영광에 있어서는 동등하시지만 각 위의 속성에 의해서 구분되십니다.[8] 여기서 동등성과 구분을, 동시에 그리고 균형 있게 이해하는 것이 중요합니다. 보통 삼위일체를 설명할 때 어느 한 쪽에 치우치는 경향이 있는데 그렇게 되면 하나님을 참되게 이해할 수 없습니다. 삼위 하나님께서 서로 구분되는 특성을 가지고 계시기 때문에 삼위 안에 순서가 생기게 되었습니다. 그 순서는 성부, 성자, 성령입니다. 성령이 제일 앞에 나서거나 성자가 제일 앞에 나서지 않습니다. 이 순서는 삼위 하나님의 구속 사역에도 그대로 드러납니다. 성자 예수님은 성부와 상관없이 독자적으로 말씀하지 않으십니다. "내가 너희에게 이르는 말은 스스로 하는 것이 아니라 아버지께서 내 안에 계셔서 그의 일을 하시는 것이라"(요 14:10). 성령도 마찬가지입니다. "보혜사 곧 아버지께서 내 이름으로 보내실 성령 그가 너희에게

---

8 웨스트민스터 대교리문답 제9문답.

모든 것을 가르치고 내가 너희에게 말한 모든 것을 생각나게 하리라"(요 14:26). 결국 삼위 하나님께서 우리에게 하시는 말씀이 동일한 이유는 성부께서 성자를 이 땅에 파송하셔서 자신의 말씀을 들려주시고 성령 하나님은 성자께서 선포하신 말씀을 우리 마음에 조명하시기 때문입니다.

성부와 성자의 관계를 빌립보서 2장 말씀보다 더 분명하게 가르치는 구절은 없을 것입니다.

> 너희 안에 이 마음을 품으라. 곧 그리스도 예수의 마음이니, 그는 근본 하나님의 본체시나 하나님과 동등됨을 취할 것으로 여기지 아니하시고, 오히려 자기를 비워 종의 형체를 가지사 사람들과 같이 되셨고, 사람의 모양으로 나타나사 자기를 낮추시고 죽기까지 복종하셨으니, 곧 십자가에 죽으심이라. | 빌 2:5-8 |

우리의 상식과 완전히 달리 성부에 대한 성자의 동등성은 성부에 대한 성자의 철저한 복종과 공존하고 있습니다. 처음에 이런 구절들을 보면 성자는 성부보다 뭔가 열등하다는 느낌을 가질 수밖에 없을 것입니다. 실제로 이렇게 생각하는 사람들은 삼위일체를 부정하는 이단에 빠지게 되었습니다. 성경을 읽을 때 공교회적 신경이나 신앙고백서에 비추어서 읽어야 하는 이유가 여기에 있습니다. 신앙고백적 관점을 가지게 되면 복종과 동등은 상충하는 개념이 아니라는 것을 쉽게 알 것입니다. 물론 현대적 관점에서 보면 이런 논리는 말이 안 된다고 생각할 것입니다.

결국 복종과 평등을 어떻게 규정할 것인가의 문제인데 성경이 가르치는 교훈과 세상의 관점이 근본적으로 다르기 때문에 요즘 세대를 설득하는 것이 결코 쉬운 일이 아닙니다.

부부에 대한 성경적 가르침도 아주 쉽고 분명합니다. 하나님은 남자와 여자를 창조하셔서 한 몸으로 만드셨습니다. 이 점에서 남자와 여자 사이에 차별이란 있을 수 없습니다. 그럼에도 불구하고 하나님은 남편에게 그리스도께서 교회를 사랑한 것 같이 사랑하라고 명령하셨고, 아내에게 교회가 그리스도께 복종한 것 같이 복종하라고 하셨습니다. 따라서 부부는 한 몸으로 존재하지만 부부 사이에는 질서가 존재한다는 것을 알 수 있습니다. 그 질서는 바로 사랑과 복종의 관계이며 이것은 성부와 성자의 관계와 유사하다고 할 수 있습니다. 이것이 남편과 아내의 관계를 이해할 때 우리가 지속해서 놓치지 말아야 할 부분입니다.

아내: 생명의 유업을 함께 받을 자

> 남편들아! 이와 같이 지식을 따라 너희 아내와 동거하고, 그를 더 연약한 그릇이요 또 생명의 은혜를 함께 이어받을 자로 알아 귀히 여기라. 이는 너희 기도가 막히지 아니하게 하려 함이라. | 벧전 3:7 |

사도 베드로는 우리에게 남편과 아내의 관계가 어떠한지를 잘 보여주고 있습니다. 남편은 아내를 귀히 여겨야 합니다. 당연하지요. 그런데 왜 귀히 여겨야 합니까? 이렇게 질문하면 대부분의 남편은 아마 답을 잘하지 못할 것입니다. 하지만 베드로는 여기에 대해 아주 분명한 답을 제시하고 있습니다. 남편과 아내는 약함에 있어서 구별됩니다. 요즘 페미니스트들은 이런 표현에 분노하겠지만 아내는 더 연약한 그릇입니다. 이 점에서 남편은 아내보다 우선합니다. 하지만 아내는 생명의 은혜를 유업으로 이어받는다는 점에서 어떠한 차이도 없습니다. 더 연약하지만 하나님 나라를 유업으로 함께 받을 자이기 때문에 아내는 남편에게 귀한 존재입니다. 심지어 아내를 귀하게 여기지 않으면 남편의 기도가 막혀서 하나님께서 그 기도를 들으시지 않습니다.

동거의 중요성

베드로의 가르침에 따르면 남편이 아내에게 할 가장 기본적이면서도 중요한 일은 아내와 동거하는 것입니다. 이것은 어떻게 보면 너무나 당연한 것 같습니다. "남편이 부부와 함께 살지, 따로 사는 경우도 있는가?"라고 생각할 수 있습니다. 그러나 조금만 우리를 둘러보면 그렇지 않은 것을 쉽게 발견할 수 있습니다. 제가 미국에 있을 때만 하더라도 조기 유학생들을 적지 않게 보았습니다. 자기 자녀들의 공부를 위해 남편과 아내가 떨어져서, 아내는 한국에 있는 남편이 부쳐주는 돈으로 살아가고 있었습니다.

또한, 요즘에는 직장 때문에 부부가 떨어져서 주말부부로 사는 일이 아주 흔한 일이 되어 버렸습니다. 이것은 목사들에게도 마찬가지입니다. 예전에는 수많은 목사가 교회의 부흥을 위해서 거의 교회에서 사는 경우가 흔했습니다. 어떻게 보면, 그들의 희생을 통해서 한국교회가 부흥했다고 볼 수 있지만, 그로 인해서 목사의 가정은 쉽게 망가져 버렸습니다. 교회는 성장시켰는지 모르지만, 정작 자신의 가정은 지키지 못한 것이지요. 디모데전서에 보면 목사의 자격 중 중요한 자격이 나오는데, 그중 하나가 자기 집을 잘 다스리는 것입니다. "자기 집을 다스릴 줄 알지 못하면 어찌 하나님의 교회를 돌보리요"(딤전 3:5)? 자기 가정을 포기하면서 하나님의 교회를 부흥시키는 것은 그 자체가 잘못된 것이라고 성경은 지적합니다. 물론 기도할 틈을 얻기 위해서 잠시 합의상 분방할 수는 있습니다. 그러나 그런 상황에도 성경은 다시 합하라고 명합니다 (고전 7:5).

이렇게 아내와 장기간 동거하지 않는 사람들이 잊고 있는 것은 자녀 교육에서 가장 중요한 것이 아버지라는 사실입니다. 자녀들이 영어는 잘 배울지 모르지만, 앞으로 아버지로서 어머니로서 어떻게 살아가야 하는지는 전혀 배우지 못하고 자라고 있습니다. 영어를 잘하는 것에 앞서서 "먼저 인간이 되어야 합니다." 아버지로 살아가는 것, 그리고 어머니로 살아가는 것은 인간에게 가장 기본적인 것인데, 이런 것은 부모를 보면서 배울 수밖에 없습니다. 가정학을 공부한다고, 아버지 학교에 다닌다고 배울 수 있는 것이 아닙니다.

어떻게 보면, 분방하는 이유가 너무나 모순입니다. 분방하는 이유와 목적은 자녀 교육을 위해서, 좋은 직장을 위해서, 교회의 부흥을 원하기 때문입니다. 그러나 부부의 분방이야말로 가정생활에 가장 치명적인 요소입니다. 이들은 가정에 아버지가 없어도 된다고 생각합니다. 솔직히 요즘 한국 남자들에게 집은 거의 하숙집입니다. 그냥 잠을 자기 위한 공간일 뿐입니다. 그러다 보니 꼭 남편과 아내가 한집에 있어야 할 필요성을 느끼지 못합니다. 서로 떨어져 살아도 얼마든지 잘 살 수 있다고 생각합니다. 제가 아는 상담학을 전공하신 목사님은, 부부가 떨어져 사는데도 불구하고 그것에 익숙해 한다는 것 자체가 문제라고 하였습니다. 부부간의 동거를 그다지 중요하게 생각하지 않는 오늘날, 신자는 "동거하라"는 주님의 말씀을 심각하게 받아들여야 합니다.

동거하라는 말은 문자적으로 같은 집에 산다는 말입니다. 그러니까 "나는 집사람과 같이 사니까 문제없네."라고만 생각해서는 안 됩니다. 집에 같이 산다는 말은 모든 생활을 함께한다는 것을 의미합니다. 따라서 베드로는 "지식을 따라 동거하라."라고 명합니다. 여기서 "지식을 따라"라는 말이 정확하지 않지만, 적어도 "집 안에 같이 살아라"라는 의미가 아닌 것만은 분명합니다. 여전히 많은 부부가 함께 삽니다. 그러나 같이 살기만 할 뿐 삶을 같이하고, 같이 나누는 경우는 많지 않습니다. 특히 아내가 가진 지식이나 생각을 잘 아는 남편이 많지 않습니다. 아내와 한집에 같이 살아도 남편은 아내가 무엇을 고민하는지 모를 수 있습니다. 오히려 반대로 대부분의 남편은 아내가 별문제 없이 살아간다고 생각합니다. 더 나아가 자기야말로 최고의 남편이라고 착각하며 살아갑니다. 어떻게 보면, 가장 잘 아는 사이인 것처럼 보이지만 가장 모를 수 있는 것이 부부 관계일 수 있습니다.

베드로는 지식에 따른 동거를 명령하고 있지만 아내와 삶을 함께 하는 것이 그렇게 쉬운 일은 아닙니다. 일반적으로 아내는 집안에서 일하고 남편은 밖에서 일합니다. 밖에서 같이 일을 하지 않는 한, 두 사람은 너무나 다른 삶을 살고 있습니다. 특히 남편이 아내의 삶을 이해하기가 쉽지 않습니다. 예를 들어 봅시다. 집을 나서기 전 집과 돌아왔을 때의 집은 전혀 변화가 없습니다. 아침에 있었던 모습 그대로입니다. 즉, 오랜만에 가구를 조금 옮기는 경우를 빼고, 집안일은 아무리 열심히 해도 거의 표시가 나지 않습니다. 따라서 남편은 귀가하고 나서 "집에서 온종일 뭐 했어?"라는 말이 쉽게 나오는 것입니다. 요리 준비하고, 상 치우고, 설거지하고, 제자리에 갖다 놓았으니, 원래 그 상태 그대로 존재합니다. 마치 아무 일이 없었던 것처럼. 그러나 이 모든 일이 남편에게는 보이지 않습니다.

또한 남편은 선천적으로 아내가 하는 일에 관심을 두기가 쉽지 않습니다. 아내들의 주 관심은 그야말로 아이 키우는 것, 집안 단장하는 것과 같은 일입니다. 아내에게 이런 일들은 아주 중요합니다. 하지만, 남편은 이런 일들이 아주 사소하게 보입니다. 이처럼 생각하는 한, 남편이 아내와 삶을 함께 하는 것은 거의 불가능합니다. 실제로 오늘날 많은 아내가 남편이 자신을 잘 이해하지 못한다고 생각합니다. 이를 극복하기 위해서 남편들은 부지런히 노력해야 합니다. 아내가 하는 모든 일을, 비록 남편의 눈에 사소하게 보일지라도, 중요하게 받아들여야 합니다. 이 일은 쉬운 일이 아니기에, 사도 베드로는 남편들에게 "동거하라"고 명하는 것입니다.

귀히 여기라!

"귀히 여기라"는 그리스도인 남편들에게 향한 또 하나의 명령입니다. 귀히 여기라는 말은 소중하게 여기라 혹은 존경하라는 의미입니다. 역사적으로 볼 때, 여자가 귀하게 대접을 받은 시대는 없었습니다. 요즘에는 옛날과 달리 여성의 지위가 많이 향상되었으나 베드로가 이 편지를 쓰던 시대만 하더라도 여자는 단지 남자의 소유물에 지나지 않았습니다. 얼마든지 갈아 치울 수 있는 것이 아내였습니다. 마음만 먹으면 아내를 버리고, 버리지 않더라도 다른 여자와 살 수 있었습니다.

사실, 하나님은 남자를 "위해서" 여자를 창조하셨습니다. 혼자 있는 것이 좋지 않게 보여서 돕는 배필로 지으셨습니다. 이것은 또한 남편 역시 독립적인 존재가 아니라 아내의 도움이 필요한 불완전한 존재라는 것을 의미합니다. 그러나 타락 이후 남편은 이런 관계에 대해서 왜곡된 인상을 갖게 되었습니다. 아내를 돕는 배필이 아니라 돕는 종으로 이해하는 경우가 많아졌다는 것입니다. 물론 남편이 실제로 그렇게 생각하는 경우는 많지 않을 것입니다. 어떻게 남편이 아내를 종으로 생각할 수 있겠습니까? 특히 요즘 같은 세상에는 꿈도 꾸지 못한다고 생각할 수도 있을 것입니다. 그러나 남편이 실제로 그렇게 생각은 하지 않지만, 자신의 행동을 통하여 아내를 그렇게 생각하는 경우는 의외로 많습니다. 특히 남편은 집에 무엇이 있는지 잘 모르기 때문에, 귀찮아서, 또는 자기가 힘들게 일하고 왔다는 이유로 아내에게 부탁하는 경우가 많습니다. 실제로는 부탁하는 것이 아니라 시키지요. 대표적으로 "물 좀 갖다주세요."입니다. 문제는 이런 시킴이 습관화된다는 것입니다. 처음에는 이런 아내의 봉사를 고맙게 생각하다가, 점점 더 당연한 것으로 생각하게 됩니다. 그러면, 아내는 스스로 자신을 남편의 종이라고 생각하지요. 기분이 좋을 때는 아무런 문제가 되지 않지만, 몸이 피곤하거나 여러 가지 해야 할 일이 있을 때 그런 부탁을 받으면 무시를 당한다고 생각하게 됩니다.

남편이 아내를 존경하지 않고 무시하는 대표적인 이유는 아내가 하는 일에서 나옵니다. 사람은 일반적으로 하는 일에 따라 대우를 받습니다. 예를 들어 교수, 목사, 변호사, 의사는 그들이 하는 일 때문에 사회에서 기본적인 대우를 받습니다. 회사에서는 직급에 따라서 대우를 받지요. 사장은 사장의 대우를, 과장은 과장의 대우를 받는데, 그 차이는 그들이 하는 일에서 나옵니다. 이런 차이는 한국의 경우 특히 심하다고 할 수 있습니다. 이런 생각이 아내에게도 얼마든지 적용될 수 있습니다. 아내가 하는 일이 무엇입니까? 아내가 하는 일은 기본적으로 집안일입니다. 바울 사도에 따르면 집안일은 젊은 여자들이 마땅히 해야 할 일입니다. 문제는 남편들이 집안일을 중요하게 생각하지 않는다는 것입니다. 대부분의 남자는 집안일이란 누구든지 할 수 있는 일이라고 생각합니다. 여자들 중에서 집안일을 하지 않는 사람이 얼마나 되겠습니까? 누구나 할 수 있는 일을 하는 사람을 존경하기는 쉽지 않습니다. 우리가 환경미화원을 존경하지 않는 이유는 그 일이 힘든 것도 있지만 아무나 할 수 있는 일이라고 생각하기 때문입니다.

누구나 할 수 있는 일이라 하더라도 그것이 천하다고 생각해서는 안 될 것입니다. 청소는 누구나 할 수 있는 일입니다. 그러나 힘든 일이지요. 따라서 될 수 있는 대로 아무도 하지 않으려고 합니다. 그러나 우리 사회에 청소하는 일을 하는 사람이 없다고 생각해 보십시오. 하루만 음식물 쓰레기가 치워지지 않는다고 생각해 보십시오. 우리가 사는 동네가 어떻게 되겠습니까? 비록 그 일 자체는 어려운 일이 아니지만 매우 중요한 일이라는 것을 알 수 있습니다. 마찬가지로 아내가 집을 며칠 비웠다고 생각해 보십시오. 그 집안이 어떻게 되어 있겠습니까?

아내에 대한 존경은 나이가 들어갈수록 남편들에게 요구되는 덕목입니다. 나이가 들어감에 따라 여자들은 성적인 매력을 잃어갑니다. 아무리 예쁜 여자라고 할지라도 세월 앞에는 약이 없습니다. 그렇게 될 때,

남편들은 아내를 귀하게 보지 않기도 합니다. 젊었을 때는 예뻐서 죽자 사자 쫓아다녔습니다. 그런데, 항상 그렇게 예쁠 줄 알았던 아내가 그렇지 않으니까 아줌마처럼 대합니다. 안 그래도 아내들은 점점 자신감을 잃어가고 있는데, 남편마저 자신을 함부로 대한다면, 귀히 여기지 않는다면, 그들은 큰 상실감에 빠질 수밖에 없을 것입니다.

아내를 귀하게 여겨야 할 또 하나의 이유는 아내가 더 연약한 그릇이기 때문입니다. 이것은 남편은 강한 그릇이고 아내는 약한 그릇이라는 뜻이 아니고, 남편도 약한 그릇인데, 여자는 더 약한 그릇이라는 말입니다. 즉, 아내는 깨어지기 쉬운 그릇입니다. 지금, 여기 플라스틱 그릇이 있고 유리그릇이 있는데, 겉으로 보기에 똑같이 생겼다고 가정해 봅시다. 여러분이 설거지할 때, 어느 그릇을 더 조심스럽게 다룹니까? 당연히 유리그릇입니다. 왜 유리그릇을 더 조심스럽게 다룰까요? 그렇습니다. 유리그릇이 더 깨지기 쉽기 때문입니다.

여러분 중에 어떤 사람은 자신의 아내가 유리그릇이 아니라 쇠그릇이라고 생각하는 사람이 있을지 모르겠습니다. 어떤 상황에서도 깨어지지 않으리라 생각하는데, 그렇지 않습니다. 모든 인간은 그릇입니다. 도자기 그릇입니다. 떨어지면 깨집니다. 사람도 때리면 깨집니다. 겉으로 보기에 아무리 강한 사람이라 할지라도 깨질 수밖에 없는 존재입니다. 여자의 경우에는 더욱 그러합니다. 상처를 받으면 더 깊고, 더 오래 갑니다. 따라서 주의 깊게 대해야 합니다. 하지만, 남편들 대부분이 이 부분에서 실패하는 이유는 아내를 자신과 동일한 수준에서 보기 때문입니다. 남편이 보기에 아무것도 아닌 것이, 아내에게는 깊은 상처가 될 수 있습니다. 특히 이 점에서 가정폭력은 우리가 매우 조심해야 합니다. 남자들은 평소에 하던 대로 화가 나면 힘으로 해결하는 경향이 있는데, 이 힘이 아내로 향하게 될 때는 깨진다는 사실을 유념해야 하겠습니다.

아내가 깨지기 쉬운 존재라는 것을 직분자들이 특히 유념해야 하는데, 감독(목사)과 집사의 자격 중에 "구타하지 않는 것"이 있습니다(딤전 3:3). 평소에 다른 사람과 싸우고 돌아다니는 사람은 교회의 직분에 추천조차 되지 않을 것입니다. 아무리 타락한 교회이지만, 맨날 싸움질하는 사람을 직분에 세우겠습니까? 그렇다면, 이 구타는 가정폭력을 의미하는 것이 자연스럽습니다. 오늘날 교회가 이 부분을 잘 살피지 않는데, 알려지지 않았을 뿐이지 오늘날 목사 가정에서 폭력이 행사되는 빈도가 훨씬 높습니다. 이 말은 수많은 사모가 남모르는 고통을 당하고 있다는 것이지요.

생명의 은혜를 함께 이어받을 자

남편들은 아내에게 "나 사랑해?"라는 질문을 자주 받을 것입니다. 그러면, 남편들 대부분은 "오늘 무슨 일 있어?"라고 대답할 것입니다. 또는 너무나 뻔한 질문을 하니 귀찮게 생각할 것입니다. 기분이 좋다면, "그럼, 내가 당신을 얼마나 사랑하는데."라고 대답하겠지요. 아내가 이 말을 듣고 가만있으면 좋겠는데, 질문을 계속합니다. "왜 나를 사랑해요?"라고 대답을 합니다. 일반적으로 여자들은 당연한 대답이라 하더라도 남편의 입에서 직접 나오는 목소리를 듣고 싶어 하고 구체적인 답을 원하는 경우가 많습니다. 남편은 이런 질문을 사소하게 여기지요. 실제로 상당히 어려운 질문입니다. 저 같은 경우에는 그냥 대충 "당신이 밥해주고, 빨래해주고 아이들 키워 주니까."라고 대답하는 경우가 많았습니다. 그런데 실제로 "왜 나를 사랑해요?"라는 질문에 답하기가 참 쉽지 않습니다. "그냥 당신이 내 아내니까 사랑하지, 무슨 이유가 있어야 하나? 쓸데없는 생각 말고 밥이나 먹자."라고 답변 아닌 답변을 하게 됩니다.

베드로전서 본문은 "왜 아내를 사랑해야 하는가?"에 대한 하나의 좋은 답을 제시하고 있습니다. 아내는 생명의 은혜를 유업으로 함께 받을 자입니다. 그래서 언제부터인가 제 아내가 "왜 날 사랑해요?"라고 물으면 "생명의 은혜를 유업으로 함께 받을 자이니까요"라고 대답을 하기 시작했습니다. 제 아내는 현재까지 이 답변에 아주 만족하고 있습니다.

우리가 주목해야 할 것은 여기서 말하는 "생명의 은혜"란 죽어서 우리가 갈 천국에서 누릴 영원한 복을 의미하는 것이 아닙니다. 오히려 이 세상에서 누리는 생명의 풍성한 은혜를 가리킨다고 보아야 합니다. 왜냐하면, 천국에서는 더 이상 부부간의 관계가 존재하지 않기 때문입니다. 앞에서 이야기했듯이 남편은 독립적인 존재가 아닙니다. 아내와 함께 살게 됩니다. 생명의 은혜를 아내와 함께 받습니다. 이 생명의 은혜를 이 세상에서 누리기 위해 필요한 것이 무엇입니까? 그것은 기도입니다. 여기서 우리는 남편의 중요한 역할을 보게 됩니다. 그것은 가정에서 가정을 대표하여 기도하는 자라는 것입니다. 남편은 아내의 머리입니다. 남편이 머리로서 아내를 귀히 여기지 않을 때, 남편의 머리이신 그리스도께서 그의 기도를 들어 주실 리가 없습니다. 어떻게 보면, 남편은 자신을 위해서라도 아내를 귀히 여겨야 합니다. 아내의 복된 생활 없이 남편의 복된 생활이 있을 수 없습니다.

여성 안수: 뜨거운 감자

오늘날 동성애와 더불어 한국교회에서 여성 안수처럼 민감한 문제는 없을 것입니다. 심지어 여성 안수는 보수와 진보를 나누는 시금석의 역할을 하고 있습니다. 이미 대부분의 서방 교회들이 여성 안수를 받아들였다는 사실을 고려하면 한국교회는 여전히 보수적인 신학의 영향이 그만큼 크다는 것을 알 수 있습니다. 하지만 여성 안수를 금하는 보수적인 입장은 지속적으로 도전을 받고 있는 형편입니다.

우선 여성 안수를 다루는 방법 자체에 대해서 살펴보도록 하겠습니다. 여성 안수는 구원과 관계있는 문제가 아닙니다. 따라서 여성 안수를 허용한다고 해서 이단으로 몰아가서는 안 됩니다. 하지만 구원과 관계없다고 해서 여성 안수가 할 수도 있고 안 할 수도 있는 가벼운 문제도 아닙니다. 신자들에게는 구원도 중요하지만 그리스도의 가르침에 따라 올바로 사는 것도 중요하기 때문입니다. 여성 안수는 성경이 중요한 가르침을 분명히 주고 있으므로 결코 가볍게 취급할 수 없는 엄중한 문제입니다. 따라서 여성 안수를 너무 지나치게 강조하거나 가볍게 여기는 태도를 우리는 경계해야 합니다.

여성 안수를 반대하면 무조건 여성에 대한 차별이라고 보는 것도 경계해야 합니다. 이 세상에 절대적 평등이라는 것은 존재하지 않습니다. 여성을 군대에 보내지 않는 것을 차별이라고 이야기하지 않습니다. 중요한 것은 성경이 명령한 뜻을 정확하게 살피는 것입니다. 사실 여성 안수를 받아들인 교회들도 실제 여성 담임목사는 아주 소수에 불과하고 총회에 참석하는 총대는 극소수에 지나지 않는 경우도 많습니다. 따라서 여성 안수를 허용하는 것 자체가 여성에 대한 합당한 지위를 보장하지는 않습니다.

우선 혼동을 막기 위해서 여성 안수라는 말을 구체적으로 규정하려고 합니다. 여성 안수는 여성에게 안수를 통해 항존직(목사, 장로, 집사)에 임명하는 것을 의미합니다. 따라서 여성에게 어떠한 안수도 허용하지 않는다는 것을 의미하지 않습니다. 여성도가 큰 병을 앓고 있을 때 그녀가 원하면 목사는 안수해서 기도할 수 있습니다. 따라서 여성 안수는 여성 임직을 의미합니다. 우리나라에서는 여성 안수라는 용어 때문에 안수에 초점을 맞추는 경우가 많은데 핵심 쟁점은 임직에 관한 것입니다. 그것도 주로 목사에 관한 것입니다. 따라서 여성 안수를 제대로 다루기 위해서는 목사의 직무를 제대로 이해해야 합니다.

조심스러운 이야기이지만 여성 안수에 찬성하는 이들은 제가 보기에 목사의 직무를 가볍게 생각하는 것 같습니다. 또는 목사의 직무를 너무 가르치는 일에 국한하는 경우가 많습니다. 목사는 단지 설교만 하는 사람이 아니라 교회를 치리하는 사람입니다. 또한 성례를 집례하는 사람입니다. 이 모든 직무가 남자에게 주어졌다는 것이 적어도 성경이 드러나게 가르치는 바입니다. 대표적인 구절을 살펴봅시다.

> 하나님은 무질서의 하나님이 아니시요 오직 화평의 하나님이시니라. 모든 성도가 교회에시 힘과 같이 여자는 교회에서 잠잠하라. 그들에게는 말하는 것을 허락함이 없나니 율법에 이른 것 같이 오직 복종할 것이요, 만일 무엇을 배우려거든 집에서 자기 남편에게 물을지니 여자가 교회에서 말하는 것은 부끄러운 것이라. | 고전 14:33-35 |

이 구절은 여성 안수 논의에서 대표적인 성경 구절 중의 하나입니다. 먼저 오해를 제거하는 것이 필요합니다. 이 구절은 여자들이 교회에서 아무 말도 하지 말라는 의미가 결코 아닙니다. 여성 안수를 찬성하는 사람 중에는 "여자 목사를 인정하지 않으면 어머니가 아들에게 가르치는 것이나 여자 교사가 남자아이들을 가르치는 것도 금해야 하지 않는가?"라고 억지를 부리기도 하는데, 여성 안수 논쟁을 그런 식으로 몰아가서 논의를 불필요하게 확산하는 것은 교회에 아무런 도움이 되지 않습니다.

성경의 모든 내용이 다 그렇지만 일단 문맥이 중요합니다. 고린도전서 14장 26절의 "너희가 모일 때에"라는 표현이 이 교훈의 배경을 설명합니다. 이 표현은 단지 성도들이 모였을 때를 말하는 것이 아니라 공적인 예배를 의미합니다. 바로 이어서 나오는 찬송시, 말씀, 계시, 통역 등이 이것을 뒷받침합니다. 결국, 공적인 예배 시간에 하나님의 교회가 마땅히 해야 할 일을 사도 바울이 말하는 중에 여성에 대한 언급이 나오는 것입니다. 따라서 이 구절에 근거해서 교회 안에서 여자는 잠잠하고 무조건 복종해야 한다는 것은 본문이 말하는 바가 아닙니다.

여기서 언급되는 말은 예언, 계시, 방언, 통역과 같은 공적인 교훈, 즉 설교를 의미한다고 할 수 있으며 본문은 이것이 여자에게 허용되지 않은 핵심적인 이유를 설명합니다. 바로 하나님은 무질서의 하나님이 아니라 오직 화평의 하나님이시라는 것입니다. 따라서 여성 안수 문제는 단지 직분론적인 문제가 아니라 하나님의 성품을 교회 안에 드러내는 매우 중요한 문제입니다. 교회는 하나님의 샬롬을 실천해야 하는데 이 샬롬은 질서를 통해서 이루어집니다. 이 질서에 대해서 바울 사도는 다음과 같이 서술합니다.

1. 누가 방언으로 말하면 두 사람이나 많아야 세 사람만 말할 수 있다.

2. 방언으로 말할 때는 차례를 따라 말해야 하고, 통역은 한 사람만 해야 한다.

3. 통역하는 사람이 없으면 교회에서 잠잠해야 한다.

4. 예언도 두 명이나 세 명이 말하되 다른 이들은 분별해야 한다.

5. 새로 예언을 받은 사람이 있으면 먼저 예언하는 자는 잠잠해야 한다.

6. 모든 교회에서와 같이 여자는 교회에서 잠잠해야 한다.

바울 사도는 은사와 질서의 관계를 다루고 있습니다. 고린도 교회는 은사로 인하여 부흥했지만 이제는 은사로 인하여 무질서한 교회가 되었습니다. 이 문제가 해결되지 않으면 하나님의 교회는 성장하지 못할 것입니다. 하나님께서 주신 은사는 하나님께서 정하신 질서에 따라 통제되어야 합니다. 바울 사도가 세운 준칙에 따르면, 교회에서 은사를 받았다고 해서 무조건 말할 수 있는 것이 아닙니다. 잠잠해야 하는 경우가 있습니다. 아무리 방언의 은사를 받은 사람이 많더라도 두세 사람만 말할 수 있으며 나머지는 잠잠해야 합니다. 두세 사람이 방언으로 말하더라도 통역하는 사람이 없으면 그 두세 사람도 잠잠해야 합니다.

예언의 은사도 마찬가지입니다. 아무리 예언의 은사를 받은 사람이 많더라도 두세 사람만 차서를 따라 말할 수 있습니다. 두세 사람이 말하더라도 영 분별의 은사를 받은 사람에게 감독을 받아야 합니다. 아무리 지금까지 예언을 잘 해왔다고 하더라도 새로운 예언의 은사를 받은 사람이 있으면 잠잠해야 합니다. 마지막으로 교회에서 여자는 항상 잠잠해야 합니다. 예언이나 방언과 같은 성령의 은사가 하나님의 말씀에 따라 통제받지 않으면 교회를 세우기보다는 오히려 허물어뜨립니다. 그렇다면 왜 여자는 은사가 있음에도 불구하고 잠잠해야 할까요? 그것은 하나님께서 세우신 질서이기 때문입니다. 왜 그렇게 질서를 세우셨는지에 대해서 우리는 정확하게 알 수 없습니다. 그런 질문은 "왜 하나님이 남자를 여자보다 먼저 창조하셨습니까?"라고 질문하는 것과 유사합니다.

잘 알려지지 않았지만 여성 임직을 금하는 가장 명백한 구절은 디모데전서 3장 2절과 12절입니다. 성경에서 임직의 자격을 명시적으로 말하는 곳은 몇 군데 되지 않기 때문에 이 구절은 아주 중요한 구절입니다. 디모데전서 3장은 감독과 집사의 자격에 대해서 여러 가지를 말하는데, 우리가 주목해야 할 조항은 "한 아내의 남편"입니다. 아무리 은사가 있고 유능하고 도덕적으로 탁월하다고 하더라도 2명 이상의 아내를 데리고 있으면 직분자가 되지 못한다는 것입니다. 또한 동성애를 인정하지 않는 이상 남편은 남자일 수밖에 없습니다. 그리고 그 이유를 바울 사도는 다음과 같이 설명하고 있습니다. 그것은 바로 "자기 집을 잘 다스리는 것"(3:4)입니다. 자기 집도 다스리지 못하는 자가 어떻게 하나님의 나라를 돌볼 수 있다는 말입니까? 바울 사도가 규정한 "한 아내의 남편"은 교회의 직분이 여자에게 허락되지 않는다는 것을 보여주는 가장 확실한 지침입니다.

이 외에도 성경에는 여자에게 직분을 금하는 여러 가지 표현들이나 유추들이 많이 있습니다. 그것들을 아예 무시하거나 억지로 해석하지 않는 한 여성에게 직분이 금지되었다는 것이 적어도 자연스러운 해석입니다. 물론 드보라와 같은 사사나 미리암과 같은 여선지자의 예가 있었습니다. 그런 예를 들면서 여성 안수를 찬성하는 것은 순간적으로는 설득력 있어 보입니다. 그런데 조금만 생각해 봅시다. 사도 바울이나 베드로가 그런 예들을 몰랐을까요? 우리는 바울이나 베드로보다 더 지혜롭다는 교만에 빠지지 않도록 주의해야 합니다. 하나님께서 특별한 상황에서 사용하신 구속사적인 예들을 보편적인 규범으로 만드는 것은 매우 조심해야 합니다. 드보라와 같은 예들은 오히려 부정(negative)의 예일 수도 있습니다. 그 당시 이스라엘 백성이 얼마나 영적으로 암흑 상태였는지 남자 중에는 한 명도 하나님께서 사용할 사람이 없었다는 것을 드보라를 통해서 보여주신 것이지요. 그렇다면 드보라는 신약교회가 따라야 할 예가 아니라 오히려 반면교사가 되어야 할 것입니다. 더 나아가 구약시대에 한시적으로 존재했던 사사와 신약시대에 항존직으로 존재하고 있는 목사는 완전히 구별되어야 합니다.

여성 안수를 성경에 따라 금했다고 해서 성경적 교회가 되는 것은 아닙니다. 성경에 따라 여성 안수를 거부하는 교회는 이전보다 훨씬 더 겸손하고 지혜로울 필요가 있습니다. 이미 세상은 여성 평등, 심지어 여성 상위를 부르짖고 있습니다. 이런 상황에서 성경적 가르침을 지키고

자 하는 보수적인 교회는 매우 불리한 상황에 있습니다. 이런 상황에서 여성을 비하하는 발언들이 나오게 되면 아무리 바른 교리를 실천한다고 해도 교회 전체가 큰 타격을 받을 수밖에 없습니다. 제가 보기에 여성 안수를 공개적으로 찬성하는 세력들보다 여성 안수를 반대하면서 여성들을 무시하고 비하하는 목회자들이 교회를 더 무너뜨리고 있습니다. 성경에 따라 여성 안수를 반대하는 교회일수록 교회 안에서 여성들이 귀하게 여김을 받을 수 있도록 훨씬 더 노력해야 하겠습니다. 여성들이 교회 안에서 실제로 존귀함을 받아야 남녀의 질서와 여성 안수 금지가 성도들에게 설득력 있게 될 것입니다. 이를 위해서 지금보다 훨씬 더 여성들의 목소리에 귀를 기울이고 그들과 진심으로 소통하는 아름다운 교회를 만들어 가도록 노력해야 하겠습니다.

6장

타락과 결혼

아담의 죄와 그 결과

1장에서 우리는 '최초의 결혼식'을 통해서 결혼이 가지고 있는 가장 핵심적인 의미를 살펴보았습니다. 그것은 바로 하나님께서 둘을 한 몸으로 나눌 수 없게 연합시키셨다는 것입니다. 하지만 이와 같은 아름다움은 죄로 인해 완전하게 파괴되었습니다. 하지만 죄가 이 세상에 들어왔기 때문에 하나님의 은혜가 얼마나 소중하고 귀한 줄 알게 되었듯이, 타락한 결혼에 대한 정확한 이해는 우리에게 진정한 결혼이 얼마나 아름다운지를 가르쳐 줄 것입니다. 신자들이 타락한 결혼의 비참함에 대해서도 잘 알아야 하는 이유가 여기에 있습니다.

죄는 인간의 모든 영역에 영향을 미쳤지만 그중 가장 처음으로 영향을 미친 영역은 부부의 관계입니다. 이 사실은 금지된 선악과를 먹은 이후 아담이 하와를 대하는 태도에서 분명히 알 수 있습니다. 하나님께서는 죄를 범한 아담을 바로 죽이시지 않고 그에게 찾아와서 책임을 추궁하셨습니다. "왜 선악과를 따먹었느냐?"라고 질문하시는 하나님께 아담은 "하나님이 주셔서 나와 함께 있게 하신 여자 그가 그 나무 열매를 내게 주므로 내가 먹었나이다"(창 3:12)라고 답하였습니다. "내 뼈 중의 뼈요, 살 중의 살"이라고 노래했던 아담은 자신의 죄책을 하와뿐만 아니라 하와를 만드신 하나님께 돌렸습니다. 하와를 만들지 않으셨더라면, 그녀를 만드셨어도 "나에게 주셔서 나와 함께 거하도록 하지" 않으셨더라면 자신이 선악과를 먹지 않았을 것이라고 말입니다. 타락한 이후에 아담은 전혀 회개하지 않고 뻔뻔스럽게 자신의 의로움을 하나님께 변명하였습니다.

하와 역시 하나님의 심문에 뱀에게 책임을 전가하였습니다. 하나님은 그와 같이 변명하는 하와에게 다음과 같은 벌을 내리셨습니다. "내가 네게 임신하는 고통을 크게 더하리니 네가 수고하고 자식을 낳을 것이며 너는 남편을 원하고 남편은 너를 다스릴 것이니라"(창 3:16). 출산의 고통은 타락한 여자에게 주어진 형벌이었고, 남편을 지배하려는 욕구[9]는 여자의 마음속에 새로 자리 잡게 된 타락된 본성이었습니다. 아담과 하와 모두 하나님의 엄중한 심문 앞에 전혀 뉘우치는 기색이 없었습니

---

[9] 4장 7절의 "죄가 너를 원하나"에서 사용된 "원하다"와 같은 단어입니다. 따라서 "원하다"는 상당히 부정적인 의미를 담고 있습니다.

다. 회개는커녕 아주 뻔뻔하게 자신들을 변명하며 남에게 책임을 돌렸습니다. 여러분이 만약 하나님이라면 그들에게 어떻게 했을까요?

하와에 대한 하나님의 형벌에서 우리가 주목할 것은 하나님께서 출산의 복 자체를 없애지 않으셨다는 사실입니다. 또한 하나님은 창조 때 세웠던 질서, 즉 남자와 여자의 질서도 없애지 않으셨습니다. 출산을 통한 번영의 복과 남녀의 창조질서는 타락 이후에도 그대로 유지됩니다. 하지만 인간의 죄는 그 복에 큰 위협을 가하기 시작하였습니다. 출산에는 큰 고통이 따르게 되었고 여자의 마음속에는 남편을 지배하려는 욕구가 생기게 되었습니다. 우리는 이 사실을 창세기에서 야곱의 가족사를 통해서 잘 알게 됩니다. 야곱의 아내들은 야곱에게서 사랑을 차지하려고 서로 극심하게 다투었습니다. 야곱의 사랑하는 아내 라헬은 베냐민을 낳다가 그만 죽고 말았습니다. 이 모든 비참이 원죄의 결과라는 것을 창세기는 증언하고 있습니다.

아담의 변명을 통해서 우리는 두 사람의 관계가 완전히 깨어진 것을 보게 됩니다. 더 이상 아담과 하와가 한 몸이라고 보기가 어렵습니다. 그럼에도 불구하고 하나님은 둘의 하나됨을 완전히 제거하지는 않으셨습니다. 그들은 타락한 이후에도 여전히 부부로 살면서 자녀를 낳으며 살았습니다. 하나님의 자비 외에는 이것을 설명할 길이 없을 것입니다. 비록 타락했어도 아담과 그들의 후예들은 하나님의 말씀에 따라 부부의 하나됨을 잘 지키고 보존할 의무를 여전히 가지고 있었습니다.

안타깝게도 부부의 하나됨은 시간이 지나면서 더 손상되기 시작했습니다. 우리는 가인의 6세손 라멕에게서 그 손상된 모습을 분명히 보게 됩니다. 창세기 4장 23절은 다음과 같이 기록하고 있습니다. "라멕이 아내들에게 이르되 아다와 씰라여 내 소리를 들으라! 라멕의 아내들이여 내 말을 들으라! 나의 상처로 말미암아 내가 사람을 죽였고 나의 상함으로 말미암아 소년을 죽였도다." 이것은 타락 이후 최초의 노래입니다. 이 노래는 아담의 노래와 달리 살인과 보복의 노래입니다. 그런데 라멕은 이 노래를 자신의 아내들에게 자랑스럽게 들려줍니다. 한 남자와 한 여자의 하나됨은 더 이상 규범이 되지 못하고 자신의 힘과 권세에 따라 아내를 마음껏 둘 수 있는 시대가 열렸습니다. 이 일부다처제는 예수님께서 오실 때까지 인간사회에 보편적인 현상으로 간주되었고 더 이상 한 남자와 한 여자의 연합이라는 개념은 사라지고 말았습니다.

노아의 시대: 하나님의 아들들이…

아담의 타락으로 말미암아 죄가 세상에 들어왔으나 하나님은 세상을 멸망시키지 않으시고 자신의 선한 뜻에 따라 세상을 보존하셨습니다. 그런데 이 세상이 큰 위기에 처한 적이 있었습니다. 그것은 바로 노아 시대에 하나님께서 홍수로 세상의 모든 것을 멸망시키신 사건이었습니다. 노아 홍수는 너무나 유명한 이야기여서 심지어 불신자들도 잘 알고 있습니다. 제가 이 사건에서 주목하기를 원하는 것은 노아 홍수의 원인과 배경에 관한 것입니다. 놀랍게도 홍수의 심판은 결혼과 아주 밀접한 관련이 있습니다.

창세기 6장은 홍수 이전의 상태를 잘 정리하고 있습니다. 노아의 시대가 어떤 시대였습니까? 그 시대는 번성의 시대였습니다. 이것은 1절에 가장 잘 나타나 있습니다. 물론 노아 이전에도 사람들은 번성하였을 것입니다. 노아는 아담의 8대손인데, 시간상으로 대략 1000년이 지났고, 아마도 이 시대부터 인간은 기하급수적으로 번성하였던 것 같습니다. 이 번성은 기본적으로 인간에게 하나님께서 복 주심에 대한 결과입니다. 그러나 번성 그 자체가 복이 아니라는 것을 우리는 명심해야 합니다. 이 점에서 기독교 내에서 소위 말하는 성공주의, 부흥주의, 성장주의는 경계의 대상이 되어야 합니다. 부흥이나 성장이 하나님의 복의 결과인 경우가 있지만, 더 중요한 것은 그러한 복을 통해 삼위 하나님을 올바로 섬기고 그분께 영광을 돌리는 것입니다. 그렇지 않다면 교회의 숫자와 교인이 늘더라도 그것이 오히려 하나님의 진노를 불러일으킬 수도 있다는 사실을 명심해야 합니다.

노아 시대에 인간이 번성한 이유는 혼인에 의한 출산 때문이었습니다. 당연하지요. 그런데 그 혼인은 6장 2절에 따르면 하나님의 아들들과 사람의 딸들과의 혼인이었습니다. 이 구절은 창세기에서 해석하기 어려운 구절 중 하나인데, 하나님의 아들은 경건한 자손을 가리키고 사람의 딸은 불경건한 자손을 가리킨다는 것이 가장 자연스럽습니다. 신명기 14장 1절에 보면, 하나님께서 이스라엘 민족을 가리켜서 "하나님의 아들"이라고 표현하고 있습니다. 이것은 6장 이전의 서술을 보면 더 분명해집니다. 4장과 5장에서 우리는 두 그룹의 인류를 보게 됩니다. 하나는 경건한 셋의 자손이고 다른 하나는 불경건한 가인의 자손입니다. 그런데 노아 시대가 되면 혼인을 통하여, 이 두 그룹 사이에 더 이상 구분이 없어지게 되었습니다.

그런데 어떻게 이 두 그룹 사이에서 혼인이 이루어지게 되었을까요? 2절은 그 이유를 설명하고 있습니다. 하나님의 아들들이 사람의 딸들의 아름다움을 보고 아내로 삼았다고 했습니다. 여기서 "아름답다"고 했는데 "좋았다"는 의미입니다. 하나님께서 세상을 만드시고 보시기에 좋았더라고 했을 때, 바로 이 단어를 사용하였습니다. 따라서 하나님의 아들들이 사람의 딸들을 보고 좋았다고 판단하였고 그들과 결혼한 것입니다. 이것은 낙원에서 인간의 타락을 연상하게 합니다. 하와가 선악과를 따먹은 이유가 무엇입니까? 하와가 선악과를 보았을 때, 보기에도, 먹기에도 좋아 보였기 때문입니다.

여러분, 타락이 어디에서 시작되는지 아십니까? 옳고 그름을 생각하지 않고, 좋고 싫음에 따라 결정하는 것이 바로 타락의 기원입니다. 하와는 선악과를 보았을 때, 하나님의 명령을 생각하지 않았습니다. 자기 눈에 보기에 좋은 대로 자신의 행동을 결정했습니다. 하나님의 아들들이 사람의 딸들을 취했을 때, 자기 눈에 보기에 좋은 대로 행했습니다. 특히 정욕에 이끌려 자신들이 보기에 좋은 대로, 닥치는 대로 자신들의 아내로 삼았습니다. 그들은 불경건한 자와 결혼함으로 하나님을 거역하였을 뿐 아니라 일부다처제를 도입함으로 혼인의 신성함을 더럽혔습니다. 라멕의 범죄가 하나님의 아들들에게도 퍼지게 된 것입니다. 그들은 이렇게 외쳤습니다. "왜 한 여자하고만 살아야 하는가?", "여러 여자와 사는 것이 뭐가 잘못되었는가?"

이런 인간의 욕심으로 말미암아 수많은 아이들이 태어났습니다. 어떤 아이들이 태어났을까요? 4절에 보면 네피림이라는 단어가 나옵니다. 네피림에 대해서 많은 것을 알 수는 없지만, 성경에 따르면 네피림은 거인이고, 용사고, 아주 유명한 사람이었습니다. 불경건한 자들이 결혼을 했는데, 아주 힘이 없고, 조그만 체구의 사람이 나온 것이 아니라, 정반대로 체구가 큰 사람이 태어났습니다. 어떻게 보면 참으로 아이러니라고 할 수 있습니다. 그러나 체구가 크고 힘이 세다고 좋은 것은 아닙니다. 문맥을 보았을 때, 그들은 자신의 능력과 힘을 인간의 본성을 더 타락시키는 데 사용했습니다. 이 네피림은 민수기에도 나옵니다. 열두 정탐꾼이 가나안 땅을 탐지하고 보고하면서, 네피림 때문에 가나안 땅을 정복할 수 없다고 항변할 때 언급됩니다(민 13:33). 따라서 네피림은 힘이 너무 강해서 제어할 수 없는 그러한 집단을 가리키는 용어라고 할 수 있습니다. 이들의 번성으로 인하여 땅은 강포로 가득하게 되었고 이것은 하나님의 진노와 심판으로 이어졌습니다.

　결혼은 하나님께서 세우신 복과 번영의 통로였습니다. 그러나 결혼이 거룩함을 제대로 유지하지 못했을 때 인류는 죄를 범하게 되었고 세상에 죄가 들어왔습니다. 타락한 인간들은 자기 소견에 옳은 대로 결혼을 남용하였고 그 결과 죄가 세상에 가득 차게 되었습니다. 특별히 경건한 자녀들이 불경건한 자녀들과 결혼한 결과 온 세상은 하나님의 심판 아래에 놓이게 되었습니다. 이것은 이스라엘 역사 속에서 계속해서 반복되었습니다. 특별히 이스라엘 왕들이 이방 여인을 취하면서 이방신들이 들어오게 되었고, 그 결과 심지어 성전 안에서도 우상을 숭배했습니다. 하나님의 나라로 세워졌던 이스라엘이 결국은 북과 남으로 분리되어 모두 다 멸망한 이유가 여기에 있습니다. 노아 홍수는 오늘날 교회에 불신자와의 결혼이 얼마나 무서운 일을 초래하는지 아주 엄중하게 경고하고 있습니다.

바리새인의 오해[10]

일부다처제가 가능하다는 생각과 함께 부부가 나뉠 수 있다는 생각은

10　여기에 대해서는 다음 연구서를 참조하십시오. 데이비드 엥겔스마, 이성호 역, 『이혼』(서울: 낮은 울타리, 2000). 참고로 이 책의 원제목은 "결혼: 그리스도와 교회의 비밀"입니다.

이스라엘 백성에게 일찍부터 보편적으로 자리 잡게 되었습니다. 우리는 이것을 신명기 24장에서 보게 되는데, 이 본문에 따르면 이스라엘 남자들은 여자에게서 수치스러운 일이 발견되면 이혼증서를 써 주고 나서 아내를 버릴 수 있었고, 버림받은 아내는 다른 남자와 결혼할 수 있었습니다. 이혼이 제도화되었기 때문에 이스라엘 백성은 이혼을 얼마든지 가능한 일로 받아들이게 되었습니다. 원래의 결혼 모습을 알지 못했기 때문에 사람들은 결혼과 이혼을 각자의 소견에 옳은 대로 행하기 시작했습니다.

창세기의 교훈에 무지했던 이스라엘 백성은 오랫동안 잘못된 결혼관을 가지고 살아왔습니다. 하지만 참 선지자인 예수님께서는 진리를 선포하심으로 결혼을 회복시키셨습니다. 어느 날 바리새인들이 예수님을 찾아와 예수님을 시험하며 다음과 같이 질문했습니다. "사람이 어떤 이유가 있으면 그 아내를 버리는 것이 옳으니이까"(마 19:3)? 물론 이 질문은 신명기 24장을 배경으로 한 질문입니다. 그들에게 아내를 내어버리는 것은 당연히 할 수 있는 일이었습니다. 그들에게 문제가 되었던 것은 아내를 버릴 수 있는가가 아니라 어떤 경우에 버릴 수 있는가였습니다. 여기에 대해 예수님은 이렇게 답하셨습니다.

> 사람을 지으신 이가 본래 그들을 남자와 여자로 지으시고 말씀하시기를, '그러므로 사람이 그 부모를 떠나서 아내에게 합하여 그 둘이 한 몸이 될지니라' 하신 것을 읽지 못하였느냐? 그런즉 이제 둘이 아

니요 한 몸이니, 그러므로 하나님이 짝지어 주신 것을 사람이 나누

지 못할지니라. | 마 19:4-6 |

바리새인의 질문에 대해서 예수님은 창세기 2장 24절에 근거하여 답하셨습니다. 예수님은 바리새인의 질문 자체가 잘못되었다는 것을 바로 지적하셨습니다. 예수님의 말씀은 아주 간단합니다. 성경에 따르면 부부는 한 몸이어서 나눌 수 없으므로, 이혼의 이유를 다루는 것은 의미가 없다는 것이 예수님의 논지입니다. 그렇다면 중요한 것은 창세기에 대한 올바른 해석입니다. 창세기 본문은 "둘이 한 몸이 되었다"라고만 되어 있는데 예수님은 이 말씀을 "하나님께서 짝지어 주신 것을 사람이 나누지 못할지니라"라고 해석하셨습니다. 참고로, 여기에서 우리가 주의할 점은 "짝지어 주셨다"는 구절을 예정론적 관점에서 이해해서는 안 된다는 것입니다. 많은 청년이 이 본문에 근거하여 하나님께서 미리 짝지어 주신 배우자를 위해서 "구체적으로" 기도하는 경우가 많습니다. 그 자체가 틀린 것은 아니지만 이 본문의 "짝지어 주셨다"는 말이 기본적으로 가리키는 의미는 풀이나 아교로 붙였기 때문에 부부가 서로 떨어질 수 없다는 뜻입니다.

창세기 본문에 근거하여 부부를 나누는 것 자체가 불가하다고 말씀하신 예수님의 답변에 바리새인들은 처음에는 허탈감을 느꼈을지 모릅니다. 또는 성경도 모르는 무식한 학자라는 것이 탄로나서 심히 모멸감을 느꼈을 것입니다. 하지만 그들은 신명기 24장에 근거하여 "그러면 어

찌하여 모세는 이혼 증서를 주어서 버리라 명하였나이까?"라고 반박하였습니다. 물론 예수님도 이 본문을 잘 알고 계셨고 바리새인들의 의도도 정확히 알고 계셨습니다. 이 질문에 대해 예수님께서는 이렇게 답하셨습니다. "모세가 너희 마음의 완악함 때문에 아내 버림을 허락하였거니와 본래는 그렇지 아니하니라." 여기서 우리는 모세가 "허락했다"는 말에 주목할 필요가 있습니다. 그리고 이를 위해 우리는 먼저 신명기 24장을 잘 이해해야 합니다.

> 사람이 아내를 맞이하여 데려온 후에 그에게 수치되는 일이 있음을 발견하고 그를 기뻐하지 아니하면 이혼 증서를 써서 그의 손에 주고 그를 자기 집에서 **내보낼 것이요**, 그 여자는 그의 집에서 나가서 다른 사람의 아내가 되려니와 그의 둘째 남편도 그를 미워하여 이혼 증서를 써서 그의 손에 주고 그를 자기 집에서 내보냈거나 또는 그를 아내로 맞이한 둘째 남편이 죽었다 하자.
> 그 여자는 이미 몸을 더럽혔은즉 그를 내보낸 전남편이 그를 다시 아내로 맞이하지 말지니라.

우리 한글 성경 번역에 따르면, 어떤 아내에게 수치되는 일이 있음을 발견하면 이혼 증서를 써 주어서 그녀를 집에서 내보내야 한다는 식으로 이해가 되는데, 더 정확하게 번역할 필요가 있습니다.

> 사람이 아내를 맞이하여 데려온 후에 그에게 수치되는 일이 있음을

발견하고 그를 기뻐하지 아니하여서 이혼 증서를 써서 그의 손에 주고 그를 자기 집에서 **내보내었는데**, 그 여자가 그의 집에서 나가서 다른 사람의 아내가 되었지만 그의 둘째 남편도 그를 미워하여 이혼 증서를 써서 그의 손에 주고 그를 자기 집에서 내보냈거나 또는 그를 아내로 맞이한 둘째 남편이 죽었다 하자.

그 여자는 이미 몸을 더럽혔은즉 그를 내보낸 전남편이 그를 다시 아내로 맞이하지 말지니라.

이 번역에 따르면 모세가 명령한 것은 하나뿐입니다. 전 남편이 내어 버린 그 여자를 다시 취하지 말라는 것입니다. "사람이 아내를 맞이하여 …… 둘째 남편이 죽었다고 하자."는 모두 조건절에 해당합니다. 이혼 증서에 관한 명령은 없으며 그것은 그 당시 이미 보편적으로 허용되고 있었던 상황을 서술한 것에 지나지 않습니다. 모세는 그와 같은 관례를 명령한 것이 아니라 묵인한 것뿐입니다. 그런데 바리새인들은 그것을 명령으로 이해했고 이와 같은 이해에 근거하여 예수님께 질문한 것입니다. 이에 대해 예수님께서는 이 본문을 명령이 아니라 허용으로 정확하게 해석하셨습니다.

예수님께서는 원래의 법인 창세기의 혼인법에 근거하여 당신의 권세로 최종적 해석을 내리십니다. "내가 너희에게 말하노니 누구든지 음행한 이유 외에 아내를 버리고 다른 데 장가드는 자는 간음함이니라." 이것은 음행한 경우에는 아내를 버리고 다른 여자와 결혼해도 된다는 인상을 주지만 반드시 그런 것은 아닙니다. 이 말씀은 이렇게 풀이해서 해석되어야 합니다. 음행한 경우에는 아내를 버릴 수 있지만, 그 외에 누구든지 아내를 버리고 다른 데 장가드는 것은 간음하는 것입니다. 아내를 버릴 수 있는 경우는 음행 외에는 존재하지 않는다는 것이 핵심 포인트입니다. 이후에 다른 여자와 결혼할 수 있는지는 이 본문의 주제를 벗어납니다.

예수님의 뜻은 아주 분명합니다. 음행한 이유 외에는 아내를 버릴 수 없고 누구든지 아내를 버리고 장가드는 것은 간음이라는 것입니다. 왜 이혼하고 다른 여자와 결혼하는 것이 간음일까요? 그 이유는 아주 분명합니다. 비록 이혼하더라도 그 아내는 그 남편과 한 몸을 이루고 있기 때문입니다. 따라서 심지어 이혼도 부부의 하나됨을 나눌 수 없다는 것이 예수님의 분명한 가르침입니다.

결혼에 대한 예수님의 엄중한 가르침은 바리새인뿐 아니라 제자들도 받아들이기 쉽지 않았습니다. 바리새인의 질문에 대한 예수님의 설명을 듣고 나서 제자들은 예수님께 이렇게 응답했습니다. "만일 사람이 아내에게 이같이 할진대 장가들지 않는 것이 좋겠나이다"(마 19:10). 그들은 예수님의 가르침을 받아들여서 순종하기보다는 차라리 독신을 선택하려 했습니다. 이를 통해 제자들조차 얼마나 완악한 마음을 소유하였는지 알 수 있습니다. 그들 역시 어떤 일이 있어도 아내와 나뉠 수 없다는 주님의 가르침을 받아들일 수 없었습니다. 그래서 예수님은 "사람마다

이 말을 받지 못하고 이 말이 주어진 자[11]라야 할지니라."라고 최종 결론을 내리셨습니다.

결론

타락은 둘의 하나됨을 파괴했을 뿐 아니라 그 파괴를 찬미하고 정당화했습니다. 결혼에 대한 책이 많이 있는데, 처음에는 혼인의 나눌 수 없음을 아주 강조하다가도 나중에 가면 여러 가지 "불가피한 이유"들을 열거하면서 혼인의 나눔을 인정하는 경우를 많이 봅니다. 이 점에서 우리는 바리새인들의 오류에 빠져서는 안 됩니다. "어떤 경우에 이혼할 수 있습니까?"라는 질문에 예수님은 "하나님께서 짝지어 주신 것을 사람이 나눌 수 없다."고 답하셨습니다. 그렇다면 신자들은 이혼에 대한 합당한 이유를 찾을 것이 아니라 어떻게 하면 하나됨을 유지할 것인가를 고민해야 합니다.

　타락으로 지성이 오염된 우리에게 우리 주님이 찾아오셔서 혼인에 대한 올바른 가르침을 주셨습니다. 여러분은 이 가르침에 대해서 어떻게 생각하십니까? 부담스러우십니까, 아니면 정말로 기쁜 복음으로 여겨지시나요? 우리가 결혼에 대한 주님의 말씀에 부담을 느끼는 이유는

11　한글 성경에는 "타고난 자라야"라고 번역되어 있습니다.

아주 간단합니다. 우리 안에 있는 죄성 때문이지요. 죄로 인해 연약한 우리는 "하나됨을 지키라"는 주님의 명령에 순종하기보다는 차라리 독신으로 지내기를 원하기까지 합니다. 결혼에 대한 주님의 가르침이 우리에게 복음이 되기 위해서는 우리 안에 내주하시는 성령님의 도우심이 절대적으로 필요합니다. 죽음이 나눌 때까지 부부의 하나됨을 지킬 수 있는 것은 우리의 힘이 아니라 성령의 힘으로만 할 수 있기 때문입니다.

7장

결혼식 매뉴얼

결혼과 결혼식

지금까지 우리는 결혼 자체가 무엇인지에 대해서 살펴보았습니다. 이제는 결혼이 실제로 시작되는 결혼식을 다루고자 합니다. 결혼 자체가 내용이라고 한다면 결혼식은 형식입니다. 내용과 형식은 분명히 구분되지만 그렇다고 해서 이 둘이 별개로 존재하는 것은 아닙니다. 예를 들어서 예전과 달리 오늘날 대부분의 신자는 결혼식을 예식장에서 합니다. 예식장에서 하는 결혼식과 교회당에서 하는 결혼식이 본질에서 차이가 없을 수도 있습니다. 하지만 예식장에서 치르는 결혼식이 이전보다 훨씬 가벼워진 것은 부인할 수 없는 사실입니다. 결혼식을 가볍게 본다는 것은 결혼 그 자체를 가볍게 본다는 것을 의미합니다. 어떤 사람들은 심지어 결혼식을 꼭 그렇게 엄숙하게 할 필요가 있는가 하고 반문할 수도 있을 것입니다. 어쨌든 결혼식이 결혼 자체와 분리될 수 없다는 것은 분명한 사실이기 때문에 교회는 결혼예식을 아주 신중하게 다룰 필요가 있습니다.

나이 50이 넘어, 결혼 주례를 자주 하게 되면서 의외로 많은 신자가 결혼식의 의미에 대해서 잘 모른다는 것을 알게 되었습니다. 결혼식에 대해서 잘 모른다는 것은 결혼을 잘 모른다는 것을 의미할 수 있습니다. 그 이유는 교회에서 잘 가르치지 않기 때문일 것입니다. 이제 생각해 보니 저만 하더라도 결혼식에 대해서 제대로 배워 본 기억이 없습니다. 다른 교훈들도 마찬가지지만 성경을 통해서 바른 결혼식을 배우지 못하면 신자들은 자기의 소견에 옳은 대로 생각하고 판단합니다. 교회가 결혼식에 대해서 제대로 가르치지 않으니까 결국 시간이 지날수록 신자의 결혼식과 불신자의 결혼식이 별 차이가 없게 되었습니다. 심지어 신자들이 불신자의 결혼 풍습을 따라가기도 하고, 최근에는 주례자 없는 결혼식이 점차 보편화되고 있습니다.

먼저 가장 기본적인 질문을 해 보겠습니까? 결혼식이 꼭 필요합니까? 만약 필요하다면 그 이유는 무엇이고, 필요하다면 그 결혼식은 어떤 모습이 되어야 할까요? 예를 들어서 어떤 남녀가 서로 결혼하기로 마음먹었다고 가정합시다. 그렇다면 그냥 주민센터에 가서 혼인 신고하고 둘이 같이 살면 안 될까요? 만약 결혼식이 단지 두 사람의 결혼을 축하하는 인간적인 행사라면 굳이 엄숙한 결혼식을 할 필요는 없을 것입니다. 결혼식이 있으면 좋겠지만 절대적으로 필요한 것은 아닙니다.

인간의 일이 아니라 하나님의 일

우리는 지금까지 결혼을 하나님께서 한 남자와 한 여자를 죽음이 나눌 때까지 하나로 연합시키시는 것이라고 정의하였습니다. 결혼식과 관련해서 우리가 다시 주목해야 할 사실은 결혼은 하나님께서 하시는 일이라는 사실입니다. 결혼은 하나님의 일(opus Dei)입니다! 이 사실은 아무리 강조해도 지나치지 않습니다. 결혼에 대한 모든 잘못된 이해는 여기에 대한 무지에서 비롯됩니다. 아쉽게도 오늘날 결혼에 대한 가장 기본적인 사실에 대해서 교회가 제대로 인식하지 못하고 있습니다. 그 결과 오늘날 결혼식이 하나님의 일이 아니라 인간의 일로 점점 전락하고 있습니다.

하나님께서는 두 사람을 어떻게 하나로 연합시키실까요? 하나님은 그냥 두 사람을 하나로 연합시킬 수 있을 것입니다. 하지만 하나님은 외적인 수단을 사용하시기를 기뻐하셨습니다. 그것은 바로 서약입니다. 따라서 결혼식 순서에서 가장 중요한 순서가 서약입니다. 그리고 이 서약은 신랑과 신부 서로 간에 하는 것이 아니라 신랑과 신부가 각각 하나님께 엄숙하게 하는 것입니다. 서약이란 하나님의 이름을 불러 하나님을 자신의 약속에 대한 증인으로 삼는 것입니다(웨스트민스터 신앙고백 22장 1항). 만약 이 서약을 어길 시에는 하나님께서 내리시는 어떤 벌도 받겠다는 의미를 내포하고 있습니다. 이 엄숙한 서약에 근거하여 하나님은 두 사람을 하나로 연합시키십니다.

서약이 결혼식의 본질적인 요소라면 주례자가 없는 결혼식은 불가능합니다. 하나님은 결혼식을 주관하시는 분입니다. 결혼식에서 하나님은 단지 구경하시는 분이 아니라 신랑과 신부에게 서약을 요구하시고 그들의 서약을 들으시며 두 사람을 실제로 하나가 되게 하십니다. 혼인의 본질이 이처럼 근본적으로 신적 성격을 지니고 있기에, 하나님의 일을 대신하는 주례자가 꼭 필요합니다. 결혼식에서 주례자는 하나님의 일을 수행하는 하나님의 종입니다. 따라서 이 주례자는 말씀의 종인 목사가 감당하는 것이 마땅합니다. 신랑이나 신부의 집안이 불신자나 타종교의 경우 목사가 아닌 사람이 주례할 수도 있으나 담임목사가 주례할 수 있을 때는 반드시 담임목사가 주례하도록 해야 합니다. 개혁교회는 로마 가톨릭의 사제주의를 거부하지만 그렇다고 해서 목사의 직분을 결코 가볍게 보지 않았습니다.

여기서 우리는 주례 없는 결혼이 유행하는 이유가 무엇인지를 발견하게 됩니다. 1) 결혼을 하나님의 일이라고 생각하지 않습니다. → 2) 결혼에서 하나님께 대한 서약이 필요 없다고 생각합니다. → 3) 서약이 필요 없으니 주례자도 필요 없게 되었습니다. 결국 결혼식은 이름만 결혼식이지 실제로는 자기들끼리의 파티일 뿐입니다. 본질상 주례 없는 결혼식은 하나님 없는 결혼식이고 이것은 실천적 무신론입니다. 이렇게 입으로는 하나님을 믿지만, 행위로는 하나님을 부인하는 신자들이 늘고 있습니다. 입으로는 하나님을 세상의 주인이라고 고백하지만, 결혼식에서는 자신들이 주인이라고 선포하는 청년들이 늘고 있습니다. 교회는 이런 실천적 무신론이 교회 안에 자리 잡지 못 하도록 경성해야 하겠습니다.

결혼식이 하나님의 일이라면 결혼식에 참석하는 하객은 단순히 축하하는 자들이 아니라 언약에 대한 증인들입니다. 증인이라는 것은 무엇을 의미합니까? 증인이란 어떤 사건의 목격자를 의미합니다. 증인은 자신이 보고 들은 것을 언제 어디서든지 증언할 의무를 지닙니다. 따라서 결혼식에 참석하는 이들은 신랑 신부가 서약하는 것과 주례자가 성혼을 선포하는 것을 보고 들어야 합니다. 그리고 언제 어디에 있든지 신랑 신부가 부부라는 것을 증언해야 합니다. 그런데 오늘날 이런 기본적인 진리를 알지 못하기 때문에 증인들이 하객으로 전락하고 있습니다. 그냥 축의금이나 전달하고 식사만 하는 경우도 많습니다. 따라서 교회는 평소에 성도들에게 결혼의 의미를 잘 가르쳐야 할 것입니다.

서약의 의미

결혼식에서 서약이 지니는 중요성에 대해서 충분히 이야기했기 때문에 서약의 내용을 구체적으로 살펴보도록 하겠습니다. 요즘 결혼식에서 주례하는 목사가 신랑 신부에게 동시에 서약하게 하는 것을 종종 봅니다. 어떤 경우에는 신랑 신부에게 성경에 손을 얹고 서약하도록 인도하기도 합니다. 성경에 손을 얹게 할 수도 있지만, 성경에 손을 얹게 한다고 해서 성경적이 되는 것은 아닙니다. 중요한 것은 성경책 그 자체가 아니라 성경이 가르치는 내용입니다.

서약을 동시에 하는 이유가 무엇일까요? 여러 가지 이유가 있을 것입니다. 아마도 하나됨을 더 강조하기 위함일 수 있습니다. 결혼식에 배정된 시간이 짧으니 통합해서 서약하는 것이 시간을 절약할 수 있다고 생각했을 수도 있을 것입니다. 무엇보다 두 서약이 별다른 내용도 없으니 굳이 따로 할 필요가 없다고 생각했을 가능성이 많습니다. 사실 자세히 살펴보지 않으면 두 서약이 거의 대동소이한 것처럼 보입니다. 실제로 요즘에는 예식장에서 아예 서약서를 하나로 비치해 놓은 경우도 많고 목사들이 아무 생각 없이 그냥 그것을 사용하기도 합니다. 만약 신랑과 신부의 서약이 본질상 다르지 않다면 그렇게 해도 무방할 것입니다. 예를 들어서 "두 사람은 평생 서로 사랑하고 존경하며 도와주기로 맹세하십니까?"로 한 번에 끝낼 수 있겠죠.

그러나 서약의 내용이 전혀 차이가 없을까요? 그렇지 않습니다. 서약 내용에는 본질적인 차이가 있습니다. 이 차이는 결혼을 통하여 두 사람 사이에 이루어진 새로운 관계 혹은 질서에서 파생합니다. 앞에서 우리는 부부의 관계란 그리스도와 교회의 관계이며, 유비적으로 머리와 몸의 관계(오른팔과 왼팔의 관계가 아님)라는 것이 성경의 분명한 가르침이라는 것을 확인하였습니다. 따라서 사도 바울은 남편에게 "그리스도께서 교회를 사랑하신 것 같이 사랑할 것"을 명령하고, 아내에게는 "교회가 그리스도께 복종한 것 같이 복종할 것"을 명령합니다. 이와 같은 이유로 신랑과 신부에게 동일한 서약을 하게 하는 것은 불가능합니다. 서약의 내용이 근본적으로 다르므로 신랑과 신부 각자에게 따로 서약을 요구하는 것이 성경적입니다. 결혼 안에서 세우신 질서 때문에 하나님은 남편에게 아내에 대한 사랑을, 아내에게는 남편에 대한 복종을 요구합니다. 이와 같은 성경적 질서를 믿는다면 이것은 결혼식 서약에서 분명하게 나타나야 하겠습니다.

사실 지금까지 나눈 것보다 오늘날 결혼식의 더 큰 문제는 서약 자체에 관심이 없다는 것입니다. 서약은 하나님의 이름을 부르는 행위이기 때문에 제3계명과 밀접한 관계가 있습니다. 십계명에서 하나님은 "내 이름을 망령되게 부르는 자를 죄 없다 하지 아니하리라."라고 신자들에게 엄중하게 경고하십니다. 결국 제3계명을 경홀히 여긴 결과 제7계명이 심각하게 손상을 받게 되었으며 불륜과 가정 파탄이 교회 안에 점점 밀려오고 있는데, 하나님의 심판이라고 하지 않을 수 없습니다. 부부의 하나됨은 서로 간의 열정적인 사랑이 아니라 서약에 대한 신실함이 지킨다는 것을 명심하도록 합시다.

당회의 중요성

결혼식이 기본적으로 공적으로 시행되는 언약식이기에, 결혼식 주례는 개체교회에서 기본적으로 당회가 주관해야 합니다. 이때 당회원들은 담임목사가 주례를 자기 소견에 옳은 대로 하는지에 대해서 제대로 감독할 필요가 있습니다. 주례는 목사가 하더라도 그것을 감독하는 직무는 당회원들에게 있습니다. 따라서 당회원인 장로들은 자신들의 직무를 제대로 하기 위해 성경이 결혼에 대해서 무엇이라 하는지, 신앙고백에서 무엇이라 말하는지, 총회 예식서에는 어떻게 되어 있는지를 잘 알고 있어야 합니다. 이 기본만 알아도 장로들이 "신랑 신부가 성경에 손 얹고 서약하니 보기 좋네!"라는 무책임한 말을 하지 않을 것입니다.

두 사람이 만나서 결혼하기로 했다면 다음과 같은 순서를 따라야 합니다. 개체교회의 상황에 따라 다르겠지만 결혼식은 본질상 다음과 같은 순서로 이루어집니다.[12]

1. 본인의 청원과 부모의 동의
2. 당회의 승낙
3. 결혼의 예고
4. 증인의 확보

---

12 대한예수교 장로회(고신)의 경우 헌법적 규칙 제2장 제6조 "결혼식"에 따름.

5. 결혼 증서의 발급

6. 결혼명부의 기록

이 순서를 보면 결혼식을 치를 때 당회가 얼마나 중요한 역할을 할 수밖에 없는지를 이해할 수 있습니다. 결혼은 단지 두 사람의 일이 아니라 교회의 공적인 일이기 때문에 당회의 지도를 받아야 합니다. 당회가 인생에서 가장 중요한 일에 아무런 역할을 하지 않는다는 것은 한국교회가 얼마나 부실한지를 단적으로 보여 줍니다.

지금부터 말씀드리는 내용은 당회가 정상적으로 건강하게 잘 움직인다는 것을 전제로 하는 이야기입니다. 결혼이 튼튼해지기 위해서는 당회가 먼저 제대로 서 있어야 합니다. 당회가 해야 할 중요한 일은 예배를 관장하는 것이고 회원권을 감독하는 것입니다. 당회의 본질은 치리회입니다. 그런데 치리회인 당회가 오늘날 행정 문제를 처리하는 기업의 이사회로 바뀌었습니다. 그러다 보니 당회가 성도들의 영혼에 관심을 두기보다는 교회의 예산이나 사업에 관심을 가집니다. 성도가 출산하고, 그 자녀들이 입교해도, 심지어 결혼해도 당회가 별로 관심을 가지지 않습니다. 사실 별 할 일이 없다고 생각합니다. 그냥 목사가 알아서 하면 되는 일이라고 생각하는 것이지요. 심각한 직무유기라고 하지 않을 수 없습니다.

결혼이 하나님의 일이고 서약을 통한 언약적 행위라고 한다면 이것은 특별한 예배의 한 형태라고 할 수 있습니다. 그렇다면 결혼식의 주관은 교회의 예배를 주관하는 당회가 해야 합니다. 이것이 결혼식을 이해하는 데 대단히 중요합니다. 결혼식에 대한 성경적 가르침이 흐려졌기 때문에 결혼식을 순전히 사적인 일이나 가정사라고 생각하게 되었습니다. 결혼식을 단지 가족들 간의 축하 행사로 이해하다 보니 결혼식을 자신들이 주관하려고 합니다. 결혼식을 치르는 과정에서 당회의 지도를 받아야 한다는 생각 자체가 없습니다. 목사는 단지 들러리가 될 뿐이고 기껏해야 축복기도를 해 주는 정도의 역할밖에 하지 못합니다. 실제로 오늘날 결혼 예식을 예식장의 담당 직원들이 주관하는 경우가 대부분입니다. 서약문도 예식장이 써 준 그대로 사용하는 경우도 아주 많아졌습니다. 결혼식을 성례로 인식하여 철저하게 교회의 지도를 받는 로마 가톨릭과 개신교는 너무나 큰 차이를 보입니다.

결혼을 당회가 주관해야 하는 또 하나의 이유는, 결혼이 필연적으로 회원권과 관련되어 있기 때문입니다. 결혼을 통해 두 사람이 한 몸이 되었기 때문에 결혼식 이후부터 두 사람은 당연히 같은 교회에 출석해야 합니다.[13] 신랑과 신부가 이미 같은 교회를 다닌다면 별문제가 되지 않습니다. 하지만 많은 경우는 그렇지 않기 때문에 결혼이란 다른 교회의 회원을 받는다는 것을 전제할 수밖에 없습니다. 한 교회의 회원이 된다는 것은 결코 가벼운 문제가 아닙니다. 잘못된 회원을 받게 되면 교회는

---

13 이 주제에 대해서는 이 장 부록에 실은 "여보, 우리 각자 다른 교회 한번 다녀 볼까?"를 참고하십시오.

큰 시험에 들 수 있습니다. 특히 작은 교회일수록 한 명의 비중이 크기 때문에 그러합니다. 만약 교회에 와서 잘 적응하면 문제가 없겠지만, 그렇지 않고 비성경적인 주장을 하면 교회는 어려운 상황에 부닥치게 될 수 있습니다. 따라서 회원권을 결정하는 권한을 지닌 당회가 결혼식 전반을 세밀하게 잘 살펴야 합니다.

그렇다면 당회는 결혼에서 도대체 무엇을 감독해야 할까요? 가장 중요한 것은 결혼할 다른 교회의 청년이 세례를 받았는가입니다. 성경은 오직 주 안에서만 결혼하라고 명령합니다. 웨스트민스터 신앙고백(24장 3항)도 참된 신앙고백을 하는 자와 결혼할 것을 규정하고 있습니다. 따라서 당회는 교회 안에 불신자가 들어오는 것을 막아야 합니다. 여기서 다시 한번 강조하지만 결혼은 두 사람이 한 몸이 된 것입니다. 불신자와의 결혼을 승인하는 것은 교회 안에 불신자가 들어오는 것을 의미합니다.

개인의 신앙은 고백을 통해서 확인되며, 신앙을 고백했다는 증거가 세례입니다. 따라서 결혼식을 하기 전에 신랑 신부가 정당한 세례를 받았는지 당회가 확인하는 것이 매우 중요합니다. 요즘에는 세례와 관련하여 정말 다양한 경우가 많습니다. 교회는 열심히 다니지만 세례를 받지 않은 경우도 많고, 유아세례를 받아도 입교를 하지 않은 경우도 많습니다. 선교 단체에서 오랫동안 신앙생활을 한 경우에 특히 이런 신자들이 많습니다. 구세군과 같은 교회는 아예 세례식대신 "입대식"을 하기도 하고, 순복음의 어떤 교회는 안수 기도를 세례라고 부르기도 합니다.

따라서 단순히 교회를 열심히 다닌다고 해서 결혼식을 당회가 쉽게 승낙해서는 안 됩니다.

결혼식 준비

결혼식에 이르기까지의 구체적인 과정을 제가 속한 광교장로교회가 현재 시행하고 있는 것들을 참고로 해서 소개하고자 합니다. 이것은 하나의 실례이기 때문에 다른 교회가 다 똑같이 할 필요는 없습니다. 하지만 이 지침 속에 숨어 있는 원리들을 잘 인식하여 어떤 식으로든지 실현하도록 노력할 필요는 있습니다. 오랫동안 신랑 신부가 같은 교회에서 신앙생활을 했다면 문제가 없겠지만 그렇지 않고 선이나 소개팅으로 짧은 교제 후에 결혼하는 경우에는 당회가 아주 세밀히 점검할 필요가 있습니다. 일단 두 사람이 결혼하기로 최종적으로 결심했다면 두 사람은 당회에 청원서를 제출하여야 합니다. 이때 기본적으로는 부모의 동의서도 제출하도록 합니다. 다만, 부모의 동의서가 꼭 필요한 것은 아닙니다. 부모가 부당한 이유로 반대하는 경우 등은 제출하지 않아도 됩니다. 부모의 동의서와 함께 결혼 관계 증명서와 건강 증명서도 제출하는 것이 좋습니다.

아마 대부분의 독자분들은 이 부분에서 의아해하실 것입니다. 이미 결혼하기로 했는데 굳이 그런 일까지 해야 하는가? 같은 교회에서 오래 교제해왔으면 별문제가 되지 않습니다. 하지만 그렇지 않은 경우에 당회는 결혼을 보호해야 할 책임이 있습니다. 요즘 교회 안에서도 사기 결혼이 종종 일어난다는 사실을 무시하지 말아야 합니다. 충분히 신뢰 관계가 쌓이지 않은 상태에서 건강 증명서의 제출은 오히려 두 사람의 관계를 돈독하게 만듭니다. 제 경험상 처음에는 이런 요구를 했을 때 당사들이 부담스럽게 생각했지만, 그 이유를 잘 설명하니 신랑 신부가 오히려 당회에 감사한 마음을 가졌습니다. 중요한 것은 이런 지침들을 시행하는 것 자체가 아니라 공감대를 형성하면서 시행하는 방식입니다. 사실 이런 것들은 당사자들끼리 언급하기가 곤란하기 때문에 이런 제도로 인하여 당사자들은 교회로부터 보호받는다고 생각하게 합니다.

당회가 모든 서류를 검토하고 나서 특별한 문제가 없으면 결혼식을 예고합니다. 여기서 중요한 내용은 몇 월 며칠까지 기한을 주고, 이 기한까지 이 결혼에 반대하는 사람이 없다면 결혼식을 시행한다는 것입니다. 예전에는 우리나라에서 결혼 예식 직전에 "이 결혼에 대해서 반대하는 사람이 있습니까?"라고 물었습니다. 이런 문구가 결혼식 분위기를 망친다고 생각하기 때문에 지금은 대부분 생략하고 있습니다. 하지만 이런 과정이 필요한데 이는 결혼이 사적이지 않고 공적인 행위라는 것을 성도들에게 아주 선명하게 보여주기 때문입니다. 이런 절차는 신랑 신부를 위한 것이기도 하지만 성도들을 위한 것이기도 합니다.

정해진 날짜가 지나면 결혼식 시행을 정식으로 공포합니다. 결혼식은 교회당에서 하는 것이 가장 좋지만, 요즘에는 어느 정도 규모의 예배당을 갖춘 교회가 거의 없을 뿐만 아니라, 자동차 문화가 보편화된 오늘날에는 충분한 주차장 확보가 거의 불가능하기 때문에 안타깝게도 예식장은 불가피한 선택입니다. 하지만 제대로 된 결혼식을 위해서 몇 가지 조언을 제공하니 결혼을 주례하는 목사와 청년들은 참고하시기를 바랍니다.

1. 최대한 미리 예약을 하십시오. 그래야 원하는 장소, 원하는 날, 원하는 시간에 예약할 수 있습니다. 아무리 좋은 장소가 있다고 하더라도 다른 사람이 미리 예약하면 아무런 소용이 없습니다. 주일이 아닌 토요일이나 공휴일로 예약을 해야 하므로 선택의 폭이 상당히 줄어든다는 것을 꼭 기억하시기 바랍니다.

2. 예식장 이용 시간을 충분히 확보하십시오. 예식장 이용 시간을 충분히 확보하지 않으면 쫓기는 결혼식이 될 수밖에 없습니다. 전체 예식 시간이 최소한 80분 이상이 되어야 합니다. 결혼 예배는 35분 정도가 걸리고, 사진 촬영도 최소 25분 정도 소요가 됩니다. 예식장은 경제적인 이유로 최대한 적은 시간을 할애하려고 하기 때문에 미리 예약을 해야 충분한 시간을 가지고 설득할 수 있습니다. 성수기를 피하는 것도 좋은 방법입니다. 시간을 확보하기 어려우면 사진을 미리 찍는 것도 하나의 방법이 됩니다.

3. 원형 테이블 식탁이 비치된 파티형 예식장보다는 장의자가 있는 채플형 예식장을 추천합니다. 채플 형식의 예식장 수가 적지만

요즘에는 그 수가 증가하고 있는 상황입니다. 채플형 예식장을 구하기 어려우면 차라리 식탁을 일부 빼고 사람들이 많이 앉을 수 있도록 의자만 일렬로 배치하는 것도 좋습니다. 식탁형이 보기에는 좋아 보일지 모르지만 실제로 예식을 하면 분위기를 매우 산만하게 만듭니다.

4. 뷔페보다는 서빙이 있는 음식을 제공하는 예식장을 선택하기를 권합니다. 결혼식은 신랑 신부 당사자뿐만 아니라 성도들을 위한 시간이기도 합니다. 오랜만에 좋은 음식을 먹으면서 교제를 하려면 뷔페보다는 서빙이 제공되는 예식장이 훨씬 좋습니다.

"품위와 질서" 있는 결혼식을 위하여

바울 사도는 고린도 교회에 예배에 관해서 이야기하면서 최종적인 결론으로 "모든 것을 품위 있게 하고 질서 있게 하라!"고 명령했습니다(고전 14:40). 이 질서와 품위(order and decency)는 개혁교회에서 가장 기본적인 교회 정치 원리입니다. 일반적인 경험상 한국에서 질서 있는 결혼식을 치르기는 정말 쉽지 않습니다. 주례자인 목사는 무엇보다도 결혼식에 대한 분명한 이해를 가지고 있어야 하고 결혼식에 참석하는 성도들에게도 사전에 충분히 결혼식의 의미를 교육하여 공감대가 형성되게끔 해야 합니다. 성도들이 언약에 대한 증인이 아니라 단지 하객으로 참석하면 예식에 참석도 하지 않고 축의금이나 내고 밥만 먹고 나올 수 있습니다. 결혼식은 개인이나 가정의 일이기도 하지만 교회의 일이라는 점도 분명히 인식하고 있어야 합니다.

질서 있는 결혼식이 되기 위해서는 자리 정돈이 대단히 중요합니다. 아무리 경건하게 결혼식을 하고 싶어도 자리가 정돈되어 있지 않으면 그렇게 할 수가 없습니다. 성도들에게 미리 공지하여 결혼식에 미리 와서 제일 앞자리는 가족들을 위해서 비워두더라도 앞에서부터 자리를 최대한 많이 확보하도록 지도할 필요가 있습니다. 성도들이 많이 참석할수록 결혼 예식은 예배처럼 분위기가 많이 바뀌게 됩니다. 다른 사람들에게 의자를 양보해야 한다는 생각도 들 수 있는데 결혼식에서는 굳이 그렇게 할 필요가 전혀 없습니다. 앞자리에 앉아서 성도들이 찬송을 힘차게 불러야 결혼식의 질서가 쉽게 잡힙니다.

결혼식 직전, 자리가 어느 정도 잡히면 주례자가 등단하여 개식사를 합니다. 개식사 직후에 결혼의 주인이신 삼위 하나님께 송영으로 찬송을 합니다. 송영은 잘 알려진, 찬송가 1장 "만복의 근원 하나님"을 추천합니다. 이때 중요한 것은 자리에서 모두 일어나도록 하는 것입니다. 이때부터 결혼식의 분위기가 결정적으로 달라지는 것을 많이 경험했습니다. 이는 성도들이 많이 참석하여 앞자리부터 앉을수록 더 그렇습니다. 그동안 주례자의 말을 듣는 둥 마는 둥 하였지만, 이때부터는 주례자의 말에 힘이 실리기 시작하게 됩니다. 송영이 끝나고 사회의 말에 따라 모두가 자리에 앉으면 어수선한 분위기는 뒷좌석 일부를 제외하고 거의 사라집니다.

결혼식 설교문은 간단하지만 아주 선명하고 단호하고 준엄해야 한다고 생각합니다.[14] 결혼식에서 설교에 주어진 시간은 많지 않습니다. 따라서 개인적인 사사로운 이야기를 할 시간이 없습니다. 그곳에는 불신자들도 많이 참석해 있습니다. 따라서 결혼식이야말로 불신자들에게 복음을 전할 수 있는 아주 좋은 기회입니다. 설교를 통해 세상의 결혼과 교회의 결혼이 어떻게 다른지를 확실히 보여 줄 필요가 있습니다. 물론 결혼식이라고 해서 특별한 설교를 할 필요는 없습니다. 오히려 정해진 설교문을 최대한 잘 만들어서 그대로 힘차게 낭독하는 것이 좋습니다. 평소에 결혼에 관한 설교를 할 기회가 많지 않고 결혼식이 자주 있는 것도 아니기 때문에 결혼에 관한 핵심적인 가르침을 정확하게 전달할 필요가 있습니다. 제가 사용하는 설교문은 네덜란드 개혁교회의 예식문을 최대한 참조하여 한국 실정에 맞게 작성한 것인데 성도들이 들을 때마다 새롭다고 평가하고 있습니다.

---

14 이 장 마지막에 실은 결혼식 설교문을 참고하십시오.

비용 문제

결혼은 아주 기쁜 날이지만 결혼식이 공지되면 성도들에게 부담이 되기도 합니다. 짐작하셨겠지만 부담에 대한 가장 큰 이유는 축의금 때문입니다. 한국 사회에서 축의금 문제는 아주 예민한 문제입니다. 잘못하면 서로 간의 관계가 서먹서먹해질 수 있습니다. 주 안에서 같은 형제자매가 되었는데 축의금으로 마음이 상해서야 되겠습니까? 결혼은 교회의 일이기 때문에, 회원 누구라도 축의금을 낼 수 없어서 결혼 언약의 증인으로 참석하지 못 하는 일은 없어야 하겠습니다.

　모든 성도가 부담 없이 결혼식에 참석하게 하는 가장 좋은 방법은 축의금을 모아서 교회의 이름으로 전달하는 것입니다. 누가 얼마를 했는지 알 수 없으니 모두가 기쁜 마음으로 참석할 수 있습니다. 만약 신랑신부 모두가 우리 교회 회원이면 동등하게 반으로 나누어서 전달하기도 합니다. 이런 제도를 시행한 결과 결혼식에 참석하는 성도의 수가 많이 늘었고 어린 자녀 때문에 부담스러워서 오지 못하는 분들도 기쁜 마음으로 참석할 수 있게 되었습니다.

　가장 미묘한 문제는 당연히 식비에 대한 것입니다. 참석한 성도의 수가 너무 많으면 당사자들은 괜찮다고 하지만 양가 부모들이 (특히 불신자의 경우) 마음이 상할 수 있습니다. 이를 고려하여 우리 교회는 참석하는 성도들의 식대 총액과 축의금 총액을 비교하여 모자라면 교회재정으로 100% 보전하고 있습니다. 이로써 온 성도가 함께 누리는 혼인 잔치의 기쁨이 방해받지 않도록 교회가 금전적인 책임을 집니다. 물론, 이는 결혼식이 교회의 일이므로 교회가 당연히 지원해야 한다는 생각을 성도 전체가 공유해야 가능한 일입니다. 식비가 너무 부담된다면, 예식장 근처에 조금 저렴한 음식점을 예약하여 성도들이 같이 식사하는 것도 좋은 방법입니다. 오히려 정신없는 분주한 예식장 식당보다 성도들이 편안하게 교제할 수 있을 것입니다.

결혼식이 먼 곳에서 치러지면 이동 문제가 생깁니다. 대형 버스를 소유한 큰 교회는 문제가 없지만 그렇지 않은 대부분의 소형교회는 교통비가 적지 않은 부담이 될 수 있습니다. 물론 이런 경우에는 주최 측에서 차량을 준비하기도 하지만 교회의 성도가 많은 경우 여분의 차량을 준비하기가 쉽지 않습니다. 이를 위해서 우리 교회는 차량을 대여하는 것도 교회에서 지원하고 있습니다. 이렇게 하면 다른 일행들과 부자연스럽게 예식장에 오가지 않고 교회 성도들끼리 이야기를 나누면서 즐겁게 다녀올 수 있습니다. 같은 차에 함께 타 예식장에 오고 가는 시간이 성도들에게 교제의 장이 되고 즐거운 추억이 될 수 있습니다. 이런 재정 지원이 가능하기 위해서는 교회가 어디에 돈을 지출할 것인가에 대한 분명한 인식이 있어야 합니다. 우리 주님께서 말씀하셨듯이 돈의 문제는 곧 마음의 문제입니다. "네 보물(물질) 있는 그 곳에는 네 마음도 있느니라"(마 6:21, 눅 12:34).

비용 문제와 관련해서 주례비를 생각하지 않을 수 없습니다. 주례비도 신랑 신부에게 보통 신경 쓰이는 것이 아닙니다. 주례비 자체가 결혼식 비용에서 그렇게 큰 액수를 차지하지는 않지만, 순서 맡은 자들까지 생각하면 주례비도 부담스럽게 됩니다. 실제로 상황이 어려운 경우에는 주례비를 절약하기 위해서 주례 순서를 빼기도 합니다. 주례비 액수를 정하는 것도 적지 않게 신경 쓰이는 문제입니다. 어떤 목사들은 주례비를 자신에 대한 평가 기준으로 생각하기도 합니다. 이런 모든 문제를 종합해서 논의한 결과 우리 교회에서는 목사에게 주례비를 주지 않고 그 대신 신혼여행 후에 간단한 선물을 전달하도록 지도하고 있습니다. 안 그래도 결혼식 날 정신이 없는 신랑 신부에게 주례비까지 신경 쓰게 하는 것은 적절하지 않다고 생각했습니다. 물론 이것은 교회가 목사에게 충분한 생활비를 지급함을 전제하기도 한 것입니다. 주례비를 금했기 때문에도 목사는 결혼식에서 당사자들을 위해서 특별한 설교를 준비하지 않습니다. 앞에서 말씀드린 것처럼 잘 준비한 결혼 예식 설교문을 가지고 있으면, 목사는 결혼식을 위한 설교를 따로 시간을 내어서 준비할 필요가 없습니다. 결혼식은 주로 토요일에 이루어지는데 결혼식을 위해 주일설교가 방해받지 않도록 해야 할 필요가 있습니다.

　　이런 식으로 결혼식을 지도한 결과 교인들 모두에게 여러 가지 좋은 유익이 있습니다. 무엇보다 청년들이 당회와 교회를 신뢰하고 감사의 마음을 가집니다. 이는 너무나 당연합니다. 자신들의 인생에서 가장 중요한 일을 교회에서 이처럼 세밀하게 도와주는데 감사의 마음을 가지지 않을 수 없습니다. 교회의 지도와 도움을 받음으로써 신랑 신부는 그동안 배웠던 하나님의 말씀을 구체적으로 경험할 수 있게 됩니다. 교회의 직분과 질서가 정말로 중요하다는 것을 실감하게 됩니다. 당사자는 말할 것도 없고, 온 교회가 결혼식을 통하여 기쁨의 교제를 나누게 되어 교회가 영적으로 튼튼해집니다.

주례자가 해야 할 일

주례자는 결혼식 전에 신랑 신부와 충분히 상의하여 결혼식 순서를 확정해야 합니다. 결혼식 순서의 기본 틀이 있어도 혼주 측에서 강하게 요구하는 것들이 한두 가지 있습니다. 주로 다른 지인들이 하는 것을 보고 좋아서 하고 싶어 하는 것들입니다. 예를 들면 화촉 점화나 화동들이 선물을 들고 오는 것 등입니다. 결혼식에서 별 필요 없는 것들이지만 끝까지 거부할 필요는 없다고 봅니다. 중요한 것은 그와 같은 순서들이 목사(당회)의 지도를 받아야 한다는 것을 인식시키는 것입니다. 의외로 많은 사람이 결혼식을 자신들이 원하는 대로 하겠다고 고집하는 경우가 많습니다. 주례자는 예식 순서를 최종적으로 결정하고 순서지를 미리 프린트하도록 해야 하는데 요즘은 옛날과 달리 예식장에서 그런 서비스는 제공하지 않기 때문입니다.

결혼식을 진행하는 것이 간단해 보여도 그렇게 쉬운 일은 아닙니다. 결혼식을 많이 치러 본 분들은 능숙하게 결혼식을 진행하겠지만 처음 치르는 분들은 긴장하지 않을 수 없습니다. 결혼식은 또 자주 치르는 일이 아니기 때문에 실수가 자주 일어나기도 합니다. 당사자들에게는 처음이자 마지막 일이고 혼주들에게는 집안의 명예가 달린 일이기 때문에 최대한 실수를 하지 않는 것이 주례자의 의무입니다. 예식장이 다 비슷비슷한 것 같지만 실제로 현장에 가보면 의외로 예식장마다 분위기가 다른 곳이 많습니다.

가장 중요한 것은 예식장에 미리 가 있는 것입니다. 주례자가 시간에 맞추어서 갈 때가 많은데, 시간이 촉박하게 되면 혼주들을 걱정하게 만듭니다. 저 같은 경우는 30분 정도 일찍 가서 예식장 분위기를 미리 파악합니다. 이때 가장 중요한 것이 마이크를 테스트해 보는 것입니다. 이것은 미리 예식장에 가야만 가능한 일입니다. 예식장은 천장이 높고 음향을 음악에 맞추어 놓았기 때문에 사람 목소리가 잘 들리지 않습니다. 이후에 다른 사람들의 결혼 예식도 있기에 음향을 따로 조정할 수도 없습니다. 따라서 주례를 잘 진행하기 위해서는 미리 마이크를 테스트해보고 음향 시설에 적응해야 합니다. 보통 한번 잘 들리지 않으면 끝까지 잘 들리지 않습니다.

요즘 결혼식은 예식장에서 정한 세팅에 맞추어서 진행되는 경우가 많습니다. 예를 들어서 신부가 입장할 때에 축포가 터지기도 하고 천장에서 반짝이가 내려오기도 합니다. 조명이 현란하게 바뀌기도 하고 심지어는 예식장 구조물이 움직여서 사람을 놀라게 할 때도 있습니다. 그런 것들은 사람들이 박수하게 하고, 환호하게 하며, 즐거워하게 하지만, 경건한 결혼식을 원하는 사람들의 기분을 상하게 할 수 있습니다. 따라서 미리 예식장과 협약하여 예식 전에는 상관없지만 예식이 진행되는 동안에는 어떤 조명이나 시설에 변화를 주지 않도록 조치해야 합니다. 결혼식 순서가 짧기 때문에 한 번 분위기가 바뀌면 다시 제대로 돌이키기가 쉽지 않다는 것을 항상 염두에 두어야 합니다.

부록1: " 여보, 우리 각자 다른 교회 한번 다녀 볼까?"

한국교회에서는 아직은 대부분의 부부가 같은 교회를 다니는 것 같습니다. 참으로 복된 일입니다. 하지만 이런 좋은 현상도 도전을 받는 것 같습니다. 특히 예전과 달리 어린 자녀들이 부모와 다른 교회를 다니는 일이 너무나 자연스러운 현상이 되고 말았습니다. 이런 현상들이 앞으로 한국교회에 어떤 영향을 미칠지 깊이 있는 연구가 필요하리라 생각합니다.

부모와 자녀도 서로 다른 교회를 다닐 수 있다면, 부부라고 해서 꼭 같은 교회를 다녀야 할 필요가 있을까요? 더구나 한국 정서상, 결혼하면 여자가 남편의 교회를 따라가게 되는데, 꼭 그렇게 해야만 한다고 생각하십니까? 수십 년 동안 정든 교회를 떠나 결혼이라는 이유만으로 남편이 다니는 교회에 출석해야 합니까? 굳은 마음으로 교회를 옮겼다고 하더라도 교회에 다니면서 정도 들지 않고 은혜를 받지 못한다면 차라리 따로 교회를 다니는 것이 낫지 않을까요?

좀 오래되었지만 이에 대해서 의미 있는 연구 결과가 발표되었습니다. 비록 미국에서 나온 통계 자료지만 참고가 될 수 있을 것입니다. 연구자는 에드나 브라운Edna Brown으로 미시간 대학에서 심리학을 전공했습니다. 그녀는 1986년 이후로 373쌍의 커플을 조사했는데 매우 흥미로운 결과가 나왔습니다. 부부가 각자 다른 교회에 출석하는 경우, 불신자와 비교해 보았을 때 이혼율이 거의 같았습니다. 즉, 이혼에 관한 한,

부부가 서로 다른 교회를 다니면, 불신자와 아무런 차이가 없다는 것입니다. 한편, 부부가 교회를 같이 다닐 때에는 부부가 교회를 같이 다니지 않을 때에 비해서 이혼율이 현저한 차이가 낮습니다.

에드나 브라운의 연구 결과는 서로 다른 교회를 출석하는 것을 고려하는 부부들에게 큰 경종을 울립니다. 배우자와 다른 교회를 선택하는 이유는 각자가 신앙생활을 더 잘하기 위함이겠지만, 실제로 나타난 결과는 오히려 정반대의 결과가 나타났습니다. 부부가 그리스도 안에서 한 몸이라면, 같은 교회에서 같은 말씀을 듣는 것이 마땅합니다.

부록2: 결혼 예식 설교문

서론

이 자리에 모인 여러 증인 여러분, 오늘은 아주 기쁜 날입니다. 유일하시고 참되신 성부, 성자, 성령 하나님께서 신랑 OOO 군과 신부 OOO 양을 혼인 서약을 통하여 하나로 연합하게 하시는 날이기 때문입니다. 오늘날 혼인 주례 없이, 혼인 서약 없이, 하나님 없이 결혼하는 이상한 문화가 널리 퍼지고 있습니다. 하나님의 교회는 혼인을 약화시키는 세속적인 풍조에 단호하게 맞서 싸워야 할 것입니다.

여러분은 이 두 사람을 단순히 축하하기 위해서가 아니라, 언제 어디에서든지 이 두 사람이 혼인 서약으로 부부가 되었다는 사실을 증언하게 될 증인으로 이 자리에 있다는 것을 유념해 주시기 바랍니다. 엄숙하고 거룩한 혼인 서약을 하기에 앞서서 결혼이 무엇인지, 결혼의 목적이 무엇인지, 그리고 그 의무를 순종하는 부부에게 어떤 복이 약속되어 있는지를 하나님의 말씀을 통해서 확인하고자 합니다.

결혼의 본질: 나뉠 수 없는 연합

오늘 우리가 읽은 성경 말씀에서 하나님께서는 혼인한 자들에게 아주 준엄한 명령을 내리고 있습니다. "결혼한 자들에게 내가 명하노니." 이 문구에서 우리는 결혼에 대해서 아주 중요한 사실 하나를 알 수 있습니다. 결혼식의 주인은 하나님이십니다. 결혼은 인간이 스스로 고안한 것이 아니라, 하나님이 직접 세우신 제도입니다. 무지하고 죄 많은 인간들은 결혼이 어떻게 생겨났는지 알 수도 없습니다. 우리는 결혼의 기원을 오직 하나님의 계시인 성경을 통해서만 알 수 있습니다.

하나님의 말씀인 성경에 따르면 결혼은 세상이 창조되었을 때부터 시작되었습니다. 인간 사회가 진화하면서 자연스럽게 생긴 것이 아니란 말입니다. 하나님은 하늘과 땅을 창조하신 후에 당신의 형상을 따라 사람을 남자와 여자로 만드시고 그들에게 땅을 다스리고 정복하도록 작정하셨습니다. 이 작정에 따라 하나님은 남자를 먼저 창조하셨습니다. 하지만 하나님은 남자가 혼자 있는 것이 좋지 않다고 판단하시고 돕는 배필을 지어야 하겠다고 생각하셨습니다. 처음에는 여러 살아 있는 동물들을 만들었지만, 그중에서 아담은 자신에게 맞는 배필을 만나지 못했습니다. 아담은 자신과 삶을 나눌 수 있는 특별한 존재가 필요했습니다. 그래서 하나님은 남자를 깊이 잠들게 하신 후 그의 갈비뼈로부터 여자를 만드셨습니다. 하나님이 이 여자를 아담에게 이끌어 왔을 때, 아담은 이렇게 노래했습니다. 이것은 인류 최초의 노래입니다.

> 이는 내 뼈 중의 뼈요, 살 중의 살이라. 이것을 남자에게서 취하였은
> 즉 여자라 부르리라. | 창 2:23 |

이렇게 하나님은 남자와 여자를 나눌 수 없게 하나로 묶어주셨습니다. 아담의 노래 뒤에 연결되는 말씀은 그것을 더욱 분명하게 선언하고 있습니다.

> 이러므로 남자가 부모를 떠나 그의 아내와 합하여 둘이 한 몸을 이
> 룰지로다. | 창 2:24 |

이 최초의 결혼을 통하여 우리는 결혼이 무엇인지를 분명하게 알게 됩니다. 결혼은 한 남자와 한 여자를 하나님께서 나눌 수 없도록 묶으신 것입니다. 결혼은 근본적으로 하나님의 일입니다. 유교에서는 부자의 관계를 천륜이라고 하고, 부부의 관계를 인륜이라고 합니다. 하지만 성

경은 정반대로 이야기합니다. 부부의 관계가 천륜이고, 부자의 관계는 인륜입니다. 부자 관계보다 더 친밀한 관계가 부부 관계입니다. 결혼하게 되면 자녀는 부모를 떠나서 더 친밀한 부부의 연을 맺게 된다는 것이 성경의 가르침입니다.

결혼이 이와 같은 의미를 가지기 때문에 혼인한 자들이 서로 나뉘는 것은 하나님의 뜻에 반하는 것입니다. 예수님도 창세기 2장의 말씀을 해석하면서 다음과 같이 선언하셨습니다.

> 이러한즉 이제 둘이 아니요, 한 몸이니, 그러므로 하나님이 짝지어
> 주신 것을 사람이 나누지 못할지니라. | 마 19:6 |

예수님과 마찬가지로 사도 바울도 오늘 우리가 읽은 본문에서 이렇게 말하고 있습니다. "결혼한 자들에게 내가 명하노니 … 남편도 아내를 버리지 말라!" 혼인한 자들이 가장 먼저 기억해야 할 것은 혼인한 부부는 하나님께서 하나되게 하셨기 때문에 나뉠 수 없다는 사실입니다. 사도 바울은 오늘 본문에서 심지어 두 사람이 갈라졌다고 하더라도 다시 연합해야 한다고 명령하고 있습니다. 이와 같은 성경의 가르침에 비추어 볼 때 "이혼하면 남이다."라는 생각은 교회 안에서 용납될 수 없습니다. 이혼은 결혼의 끝이 아니라 다시 합하기 위한 시작일 뿐입니다.

결혼의 목적

하나님의 말씀은 결혼의 목적에 대해서도 우리에게 가르쳐 주십니다. 그것은 부부가 서로 돕는 것입니다. 하나님은 세상을 창조하시고 인간들에게 그것을 다스리라고 명령하셨습니다. 이 명령은 참 귀한 명령이지만 매우 힘들고 어려운 일입니다. 이 세상을 하나님께서 원하시는 나라로 만드는 것은 남자나 여자 혼자서 할 수 없습니다. 서로 협력해야만 주께서 주신 사명을 완수할 수 있습니다.

주님은 결혼을 통하여 당신의 나라가 임하도록 다음 세대를 준비하기 원하십니다. 에덴동산에서 하나님은 남편과 아내에게 다음과 같이 말씀하셨습니다.

생육하고 번성하여 땅에 충만하라. | 창 1:28 |

부부는 하나님의 뜻 안에서 부모가 되도록 부름을 받았습니다. 자녀는 결혼의 목적이자 결과입니다. 지금 이 순간부터 신랑은 경건한 아버지가 되는 훈련을 해야 하고, 신부는 현숙한 어머니가 되는 훈련을 해야 합니다. 오늘날 자녀 없는 결혼을 추구하는 이들이 늘어가고 있습니다. 이것은 결혼의 목적이 무엇인지를 망각하는 것입니다. 이제부터 신랑과 신부는 앞으로 주께서 주실 자녀들을 주의 교양과 훈계로 양육할 준비를 해야 합니다. 이 의무를 잘 감당할 때 경건한 자녀들이 양육되어서 하나님의 교회가 성장하고 번성하게 될 것입니다. 이것이 하나님께서 결혼을 제정하신 진정한 목적입니다.

결혼에 대한 복의 약속

하나님의 복은 주님의 음성에 귀를 기울이는 모든 결혼 위에 임합니다. 시편 128편은 주님을 경외하는 모든 가정에 진실로 복이 임할 것이라고 선포합니다.

> 여호와를 경외하며 그의 길을 걷는 자마다 복이 있도다. 네가 네 손이
> 수고한 대로 먹을 것이라. 네가 복되고 형통하리로다. | 시 128:1-2 |

결혼한 자들이 하나님을 경외할 때 하나님은 그들의 길을 복되고 형통하게 하실 것입니다. 하지만 어떤 결혼 생활이든지 죄의 결과로 말미암아 걱정과 어려움과 고통과 싸워야 하는 일에서 예외일 수 없습니다. 인간적으로 볼 때 더는 어떠한 소망을 기대할 수 없는 상황에 빠질 수도 있을 것입니다. 그때 우리는 하나님께서 약속하신 복을 기억해야 합니다.

하나님께서는 하늘에 계신 아버지로서 우리를 보호할 것이라고 약속하시며 당신만을 의지하도록 요청하십니다. 주님이 우리의 허물을 용서해 주시기 원하시는 것처럼, 우리도 서로 우리의 죄와 부족함을 용서해야 합니다. 그리고 우리의 결혼이 하나님의 성령으로 말미암아 거룩

하게 됨을 확실하게 믿어야 합니다. 이 믿음을 통해 우리의 혼인은 더욱 굳건하게 되고, 하나님 나라를 임하게 하는 일에 우리는 함께 사역할 수 있습니다.

결론: 축복

죽음이 나눌 때까지 이 거룩한 하나됨을 지키는 것은 결코 쉬운 일이 아닙니다. 어떻게 보면 죄인인 인간들은 이 일을 수행할 수 없습니다. 하지만 성령 하나님께서 도와주시는 힘으로 우리는 이 사명을 능히 감당할 수 있습니다. 어떠한 어려움과 고난 가운데서도 주께서 명하신 사랑과 복종의 의무를 신실하게 지켜갈 때, 유일하시고 참되신 성부, 성자, 성령 삼위 하나님의 은혜와 평강이 여러분과 늘 함께 있을 것입니다. 아멘.

결혼예식공지

광고장로교회 성도 여러분,
두 사람의 결혼예식을 공지합니다.
신랑 정종선 성도, 신부 홍영미 성도

두 사람은 교회에 정식으로 결혼 허락을 요청하였고,
양가 부모의 결혼 동의서를 제출하였으며,
담임목사의 지도 하에
결혼에 대한 성경적 가르침을 받으며
결혼예식을 준비해 왔습니다.

결혼은 당사자 두 사람만의 일이 아니라
교회의 일이기도 합니다(웨스트민스터 신앙고백서 24장 2항).

그러므로 우리 교회 모든 회중은
이 결혼예식에 참석하셔서
하나님께서 복을 내려주실 두 사람의 결혼에 대해
'증인'이 되어주시기를 바랍니다.

일시: 2019년 9월 7일(토) 낮12:00
장소: 부천 벨마리에 4층(경기 부천시 부천로21)

광교장로교회 담임목사 정중현

부록 4: 결혼 청원서

결혼청원서

수 신 당회장
참 조 담임목사
제 목 결혼청원

주님의 은혜와 평강을 기원합니다.
본인이 아래와 같이 결혼을 청원하오니 허락하여 주시기 바랍니다.

1. 이름: 정종선
    (1) 생년월일:
    (2) 수세년월일: 2007. 4

2. 이름: 홍영미
    (1) 생년월일:
    (2) 수세년월일: 2019. 8. 11

첨부
1. 양가 부모 결혼동의서
2. 혼인관계증명서
끝.

2019년 6월 19일

대한 예수교 장로회 고신총회 광교장로교회

성도 정종선 정종선 성도 홍영미 홍영미

부록 5: 혼전 성관계에 대하여

인디애나에 은혜신학교(Grace Theological Seminary)라는 곳이 있습니다. 독일계 재세례파의 후예들이지만 칼뱅주의 영향을 강하게 받았고 신학적으로 세대주의를 지향하는 독특한 교단의 신학교입니다. 그곳의 신학은 학문적인 것에 치중하기보다는 철저하게 현장 중심의 실천신학 중심이었습니다. 교수들은 너무나 인격적이었으며 학생을 사랑하는 태도에 있어서 정말 탁월하다는 느낌을 받았습니다.

성경에는 혼전 성관계에 대해서 명시적으로 다룬 곳이 거의 없습니다. 그러나 간음을 혼인의 언약 밖에서 이루어지는 모든 성적 행위라고 규정한다면, 우리는 혼전 성관계 역시 명백한 간음 행위로 간주해야 합니다. 하지만, 오늘날 많은 사람은 혼전 성관계를 그렇게 나쁜 행위로 보는 데 동의하지 않습니다. 사랑하는 사이라면, 특히 결혼을 앞둔 사이라면 허용될 수 있다고 생각하는 사람이 대부분입니다. 전자의 생각은 사랑 앞에서는 절대적인 예외가 없다고 보는 입장인데, 대단히 위험한 생각이 아닐 수 없습니다. 현대 신학은 대체로 사랑을 하나님의 본질로 설명하면서 정의의 하나님을 부차적으로 만드는데, 개혁주의 신학은 한 번도 정의의 하나님 혹은 법의 하나님을 부차적으로 다룬 적이 없습니다.

은혜신학교에서 목회 상담을 가르치는 소토Soto 교수는 결혼 상담을 15년간 해 온, 결혼 상담의 베테랑이었습니다. 결혼 생활에 문제가 있어서 이혼을 염두에 두고 그에게 상담하기 위해 온 사람이 많이 있었습니다. 그들이 오면 소토 교수는 제일 처음에 이 질문을 똑같이 던졌다고 하는데, 놀라운 것은 지난 15년 동안 상담을 위해 찾아온 모든 사람의 대답이 한결같이 예스(Yes)였다는 사실입니다. 그 질문은 바로 "혼인 전에 성관계한 적이 있는가"였습니다. 오해를 막기 위해 더 분명하게 말하면, 혼전 성관계를 한 모든 사람이 이혼 상담을 했다는 것이 아니라 이혼 상담을 하러 온 모든 사람이 혼전 성관계 경험이 있다는 말입니다.

이 상담 결과에 근거하여 소토 교수는 다음과 같은 점을 학생들에게 분명히 가르쳤습니다.

1. 혼전 성관계는 상대방의 신뢰를 깨뜨린다.
2. 혼전 성관계로 깨진 신뢰는 잘 회복이 되지 않는다.
3. 혼전 성관계 경험이 있는 부부는 부부간의 성생활에 만족하지 못한다.

너무나 당연한 결론이지만 의외라는 생각이 들 수 있습니다. 서로 사랑하고 신뢰해서 성관계를 맺었는데 왜 서로의 신뢰가 깨지거나 약화될까요? 유일한 답은 성은 하나님의 법 안에 있어야 하기 때문입니다. 성에 대한 만족은 부부 관계를 많이 하고 테크닉을 높인다고 이루어지는 것이 아니라 서로 간의 신뢰감에 의해서 증진됩니다. 성생활의 불만족은 자연스럽게 부부간의 불화로 이어질 수밖에 없습니다.

많은 사람이 결혼 생활을 유지하는 것은 사랑이라고 말합니다. 하지만 소토 교수의 상담 경험은 사랑하기 때문에 결혼하는 것이 아니라 결혼하기 때문에 사랑하는 것이 더 맞을 수 있음을 보여 줍니다. 서로 간의 사랑의 행위는 일시적으로 육체적인 기쁨을 줄 수 있을지 모르지만, 그것이 언약 밖에 있을 때는 그 사랑의 행위가 오히려 혼인을 파괴하는 무기가 될 수 있습니다.

이 상담 결과에 근거하여 소토 교수는 젊은이들이 주례를 부탁할 때, 제일 먼저 그들에게 성관계를 가진 적이 있는지를 묻는다고 합니다. 만약 없다면 결혼식 전까지 성관계를 맺지 않을 것을 요구하고, 있다면 철저히 회개하게 한 후 6개월 동안 교육을 받게 하는데 그동안 성관계를 하지 않을 것을 엄숙하게 맹세하게 한다고 합니다. 만약 이를 어길 때에는 그 시점부터 결혼식을 6개월 연장한다고 합니다. 고린도전서 13장 말씀에 주목합시다. "사랑은 오래 참고". 결혼식 전까지 참지 못하는 사람이 평생 자기 아내가 될 사람을, 혹은 남편이 될 사람을 신실하게 사랑할 수 있을까요? 이 점에서 우리 그리스도인들은 혼전 성관계를 심각하게 보아야 합니다. 성관계는 하나님께서 부부에게 주신 선물입니다. 그러므로 단지 사랑을 확인하는 수단으로 사용해서는 안 됩니다.

—
8장
부부 싸움 잘하기

결혼은 이 세상에서 가장 아름답고 선한 것이지만 결혼한 성도들은 이 세상에 사는 동안 자신이 죄인이라는 것을 결코 잊지 말아야 합니다. 죄는 인간의 모든 삶에 영향을 주었지만 특히 결혼 생활에 영향을 주었습니다. 우리는 이 사실을 창세기 3장을 통해서 이미 잘 배웠습니다. 타락한 아담은 자신에게 죄의 책임을 묻는 하나님께 그 책임을 자기 아내에게 돌렸습니다. 이와 같은 죄의 본성은 아담에게만 있는 것이 아니라 이후에 태어나는 모든 인간이 다 가지고 있습니다. 따라서 모든 신자는 결혼 생활에서 자신의 교만을 내려놓고 겸손해야 합니다.

각자가 처한 환경이 다르기 때문에 결혼 생활도 각자가 다릅니다. 결혼하고 나서 한 번도 싸운 적이 없는 부부도 본 적이 있습니다. 반면에 어떤 부부는 결혼식 직후부터 다투기도 합니다. 저의 경우 결혼하고 나서 첫째 아이를 낳을 때까지는 서로 크게 다툰 적이 없습니다. 하지만 첫 아이를 출산하면서 제 아내는 어머니로 바뀌었고, 저는 시간이 상당히 지나서야 그 사실을 받아들일 수 있었습니다. 아무리 과거와 현재의 부부 관계가 좋다고 하더라도 항상 그런 상태로 지낼 수 없다는 것도 우리 모두가 인식해야 합니다.

부부 싸움을 피할 수 없다면 가장 좋은 방법은 부부 싸움이 전혀 없는 이상형을 꿈꾸기보다는 부부 싸움을 어떻게 "잘" 할 것인지를 고민하는 것입니다. 부부 싸움에 대한 준비가 전혀 되어 있지 않으면 실제로 부부 싸움이 벌어졌을 때 큰 어려움을 겪을 수 있습니다. 심할 경우 싸움이 해결되지 않아서 심각한 위기에 봉착하는 때도 많습니다. 따라서 미리 준비를 잘해서 우리의 결혼이 안전하게 보호받을 수 있도록 노력해야 하겠습니다.

평소에 잘하자

부부 싸움을 막는 가장 좋은 방법은 평소에 서로에게 잘하는 것입니다. 따라서 부부 싸움이라는 병에 대한 가장 좋은 치료 방법은 예방입니다. 죄 때문에 부부 싸움을 피할 수는 없지만, 그럼에도 불구하고 신자들은 그 싸움을 최소화하도록 노력해야 합니다. 부부 싸움을 최소화하는 방법은 서로 관계가 좋을 때 그 관계를 최대한 잘 유지하는 것입니다. 평소에 이와 같은 관계가 잘 유지될수록 부부 싸움이 잘 일어나지 않을 뿐 아니라 부부 싸움을 하더라도 크게 확대되지 않고 곧 해결될 수 있습니다.

평소에 해야 할 것 중의 하나는 애정 표현입니다. 사람마다 다르겠지만 "사랑해요.", "당신이 좋아요."라는 말을 싫어하는 사람은 거의 없을 것입니다. 아무리 들어도 싫증 나지 않는 말이 "당신을 사랑합니다(I Love You)."일 것입니다. 특히 이는 아내인 경우에 더 그런 것 같습니다. 그렇다면 남편은 빈말이라도(물론 정말 사랑하는 마음으로 해야겠지요) "사랑해.", "예쁘다."라는 말을 자주 할 필요가 있습니다. 어떤 남편은 "그걸 꼭 말을 해야 해?"라고 짜증 내는 사람도 있지만, 사랑한다는 것을 가장 확실하게 증명하는 것은 "말"입니다. 말을 안 하는데 어떻게 사랑한다는 것을 확신할 수 있겠습니까? 심지어 사람의 마음을 완전히 아시는 하나님도 "사랑한다."는 말을 신자들에게서 듣기를 원하십니다. 하나님은 로마서뿐만 아니라 시편도 우리에게 주셨다는 것을 기억하십시오. 시편을 여러 관점에서 볼 수 있겠지만, 저는 시편이 기본적으로 삼위 하나님에 대한 사랑의 고백이라고 생각합니다. 남자일수록, 나이 들수록 사랑한다는 말을 쑥스러워하는데 의도적으로라도 사랑한다는 말을 평소에 많이 할 필요가 있습니다.

말도 일종의 습관입니다. 사랑의 고백도 습관이고 습관은 행동입니다. 그렇다면 사랑의 고백도 연습이 필요합니다. 우리가 기도하지 않으면 하나님에 대한 사랑이 점점 식어가듯이 배우자에 대한 사랑의 고백도 평소에 하지 않으면 나중에는 "사랑한다."는 말이 매우 어색하게 됩니다. 이 글을 읽는 독자 중에서 이미 이와 같은 상태에 있는 분들도 있을 것입니다. 그중에는 이와 같은 상황을 심각하게 생각하지 않는 분도 계실 텐데, 그 이유는 사랑한다는 말을 마음만 먹으면 얼마든지 할 수 있다고 가볍게 생각하기 때문입니다. 하지만 평소에 하지 않다가 갑자기 사랑한다는 말하는 것은 결코 쉬운 일이 아닙니다. 이 책을 읽고 마음이 바뀌었다면 지금 당장이라도 배우자에게 사랑한다는 문자라도 보내시기 바랍니다. 사랑의 고백은 습관이기 때문에 특별한 비법이 존재하지 않습니다. 사랑의 고백이 습관이 될 때까지 지속해서 연습하는 수밖에 없습니다.

평소에 잘해야 하는 것 중의 하나는 대화입니다. 부부 사이에 대화가 줄어들면 서로에 대한 이해가 줄어들게 됩니다. 이해가 줄면 쉽게 서로 오해를 하게 됩니다. 오해가 심해지면 갈등으로 발전하고 갈등이 심해지면 부부 싸움으로 이어질 뿐 아니라 그 싸움이 크게 확전이 됩니다. 따라서 부부 싸움을 예방하는 길은 평소에 대화를 많이 해서 서로에 대한 이해를 높이는 것입니다. 부부가 한 지붕 아래에 같이 산다고 해서 서로를 잘 이해하는 것은 아닙니다. 특히 남편들은 아내의 속마음에 대한 이해가 떨어지는 경우가 많으므로 늘 아내의 말을 듣는 훈련을 해야 합니다.

현대 사회에서는 부부의 대화가 점점 줄어들고 있습니다. 따라서 대화를 위해서 가정 먼저 해야 할 일은 대화에 방해되는 것들을 제거하는 것입니다. 텔레비전을 없애는 것도 좋은 방법의 하나입니다. 유학을 마치고 귀국한 이후에 우리 가정은 텔레비전 없이 살았습니다. "텔레비전 없이 심심해서 어떻게 삽니까?"라고 질문하는 분들이 계시는데, 텔레비전 없이도 잘 살 수 있고 자녀들이 학교 생활하는 데 거의 지장이 없습니다. 텔레비전이 없기 때문에 우리 부부는 서로에게 더 많은 관심을 가질 수 있었습니다. 요즘에는 텔레비전보다 스마트폰이 대화의 걸림돌이 되는 경우가 더 많은데 스마트폰의 위험성을 잘 인식하여 진지한 대화에 방해가 되지 않도록 서로가 노력해야겠습니다.

사실 부부 사이에 대화를 계속하는 것이 쉬운 것은 아닙니다. 특히 많은 가정에서 남자들은 할 말이 별로 없습니다. 또는 말하기 싫어하는 경우도 많습니다. 할 말도 없는데 자꾸 말을 하라고 다그치면 오히려 상대방에게 짜증만 나게 할 뿐입니다. 좋은 방법 중 하나는 집을 벗어나서 좋은 카페에서 정기적으로 함께 시간을 보내는 것입니다. 여기서 중요한 것은 아내의 경우 카페에서 돈 쓰는 것을 아까워해서는 안 된다는 점입니다. 알뜰한 아내일수록 이런 곳에서 돈 쓰는 것을 아까워하는 경향이 있는데 무조건 검소하게 사는 것이 행복한 부부 생활을 보장하는 것은 아닙니다.

경건한 신자가 부부 싸움을 예방하기 위해서 평소에 잘해야 할 것은 당연히 가정 예배입니다. 가정 예배를 정기적으로 할수록 부부 싸움의 가능성은 줄어듭니다. 물론 가정 예배를 잘한다고 해서 부부 싸움을 전혀 안 하는 것은 아닙니다. 부부 싸움을 심하게 했다면 가정 예배를 인도하는 남편이 오히려 가증스럽게 보일 수도 있습니다. 그렇더라도 가정 예배는 유지하는 것이 더 좋다고 생각합니다. 예배 속에서 서로가 진지하게 자신들을 하나님의 말씀 앞에 비추어 볼 수 있기 때문입니다. 가정 예배를 드리는 중에 말씀으로 상한 마음이 치유되기도 합니다. 적어도 가정 예배가 부부 싸움을 제어하는 역할은 한다고 할 수 있습니다.

"잘못했어요!"

지금까지 부부 싸움에 대한 예방에 대해서 논의했습니다. 예방은 아무리 강조해도 지나치지 않습니다. 하지만 아무리 예방해도 부부 싸움을 완전히 피할 수는 없습니다. 지금부터는 부부 싸움이 시작된 이후에 대해서 다루어 보도록 하겠습니다. 부부 싸움이 일단 시작되면 확전이 되지 않도록 하는 것이 가장 중요합니다. 부부 싸움은 화재와 유사합니다. 초기 진압이 가장 중요합니다. 최대한 빨리 불을 끄는 것이 좋습니다. 확전이 되면 진화하기 힘들어질 뿐 아니라 후유증도 그에 비례해서 커질 수밖에 없습니다.

부부 싸움을 초기에 진압하는 가장 좋은 방법은 미안하다고 말하는 것입니다. 일단 미안하다고 하면 싸움이 번지지 않습니다. 미안하다는 말은 화를 누그러뜨리기 때문입니다. 또한 최대한 빨리 미안하다고 먼저 말하는 것이 좋습니다. 타이밍을 놓치거나 늦으면 미안하다는 말은 힘을 잃습니다. 그때는 미안하다고 해도 상대방이 쉽게 용납하지 않습니다. "진심이야?"라는 말을 듣게 되거나, 아니면 "뭐가 미안한데?"라는 말을 듣게 됩니다. 일단 그렇게 되면 더 많은 말이 필요하게 되고 서로에게 피곤한 싸움으로 계속 이어지게 됩니다.

자신이 잘못했다고 생각되면 최대한 빨리(먼저) 잘못했다고 말을 하는 것이 좋습니다. 그때 기억해야 할 것은 상대방의 잘못은 언급하지 않는 것입니다. 일단 확전되지 않는 것이 중요하기 때문에 본인의 잘못만 생각하면 됩니다. 자신이 먼저 사과를 하면 대개 상대방도 미안하다고 말합니다. 적어도 시간이 좀 지난 다음에는 자신도 미안하다고 말하게 됩니다. 하지만 자신의 잘못을 인정했음에도 불구하고 상대방은 사과하지 않을 수도 있습니다. 그런 경우에는 억울하다는 생각이 들 수 있죠. 상대방도 잘못했는데 자신이 먼저 사과를 할 이유가 없다고 생각하는 것이지요. 하지만 사과를 해서 부부 싸움의 확전을 막은 것 자체만으로도 큰 성과를 거두었기 때문에 굳이 사과를 받을 필요는 없을 것입니다. 사과의 목표는 상대방의 사과를 받아내는 것이 아니라 싸움을 종결하는 것이어야 합니다.

먼저 잘못했다고 말하는 것을 정말로 힘들어하는 사람이 있습니다. 여러 가지 이유가 있겠지만 먼저 사과하는 것을 패배로 인식하기 때문입니다. 이런 사람일수록 자존심이 지나치게 세고 지기를 싫어합니다.

하지만 저는 이런 말을 하고 싶습니다. 부부 싸움 자체가 이미 패배라는 것입니다. 따라서 배우자를 이기겠다는 생각 자체가 어리석은 생각입니다. 부부 싸움은 싸움을 하는 순간 이미 패배한 것이기 때문에 이 싸움에서 이기는 가장 좋은 방법은 최대한 빨리 끝내는 것입니다. 그래서 저는 부부 싸움 때문에 고민하는 전도사에게 이런 조언을 자주 합니다. "어떻게 아내를 이기겠다는 생각을 다 할 수 있습니까?" 아내를 이기는 것은 불가능합니다. 부부 싸움은 상대방을 이기기 위해서 하는 것이 아니라 그 싸움 자체를 끝내기 위해서 하는 것입니다. 싸움을 하지 말라는 말이 아니라 싸움의 내용을 바꾸라는 말입니다.

이 점에서 저는 결혼을 앞둔 청년들에게 강조하고 싶은 것이 하나 있습니다. 좋은 배우자는 자신의 잘못을 빨리 인정하는 사람이라는 사실입니다. 여유가 있고 정서가 안정된 사람일수록 자신의 잘못을 빨리 인정합니다. 반대로 열등감이 많고 정서가 불안정할수록 자신의 잘못을 인정하려고 하지 않습니다. 연애할 때 이런 점을 유심히 살펴보시기 바랍니다. 처음 사귀기 시작했을 때에는 외모만 눈에 들어올 것입니다. 하지만 시간이 지나면서 상대방의 진면목을 볼 수 있어야 합니다. 배우자가 될 사람의 진짜 모습은 화가 났을 때입니다. 분노를 조절할 수 있는지, 분노를 다스릴 수 있는지, 분노를 낸 다음에 어떻게 행동하는지를 유심히 관찰하시기 바랍니다. 입에서 거친 말이나 욕이 쉽게 나가는 사람은 부부 싸움을 할 때도 동일하게 그런 행동을 하게 됩니다. 입이 거친 사람은 폭력도 쉽게 사용할 수 있다는 것을 (특히 여성들이) 명심하시기 바랍니다.

물론 "잘못했어요"가 통하지 않는 경우도 많습니다. 어떤 식으로 말하는가에 따라서 잘못했다는 말이 상대방을 더 화나게 할 수도 있습니다. 따라서 부부 싸움을 빨리 끝내는 방법은 진심으로 잘못했다고 말하는 것입니다. 적어도 잘못했다는 말이 가볍게 들리지 않도록 해야 합니다. 문제는 잘못했다고 시인했을 때 거기에서 끝나지 않고 "무엇을 잘못했는데?"라고 반문하는 경우입니다. 잘못을 알고 있는 경우에는 상관없지만 잘못을 모르거나 막연하게 아는 경우에는 대단히 곤혹스러운 질문입니다. "잘 모르겠는데 알려 주면 내가 다 사과할게."라는 말도 정답이 되지 않습니다. 왜냐하면 무엇을 잘못했는지 모르는 것 자체가 상대방을 더 화나게 하기 때문입니다.

아내는 주로 남편에게 이런 식으로 말합니다. "내가 꼭 말을 해야 그 이유를 알겠어?", "어떻게 그것을 모를 수가 있어?" 아내는 무엇을 잘못했는지 모르는 남편이 정말 이해가 되지 않을 것입니다. 그런데 아내의 잘못은 바로 거기에 있습니다. 그것은 바로 남편을 남자가 아니라 여자로 생각했다는 점입니다. 남편은 이야기를 해 주어야 이해를 하게 되어 있습니다. 심지어 설명을 자세하게 다 해 주어도 남편이 이해를 못 할 수도 있습니다. 아내가 남자에 대한 이 단순한 사실을 받아들이지 않으면 부부 싸움은 장기전에 돌입할 수밖에 없습니다.

자신의 잘못을 인정하고 그 잘못에 대한 내용을 안다고 해서 부부 싸움이 바로 종결되는 것은 아닙니다. 남편이 자신의 잘못이 무엇인지를 깨달았다고 해서 아내의 화가 바로 풀리지는 않습니다. 잘못을 알아맞힌 남편에게 아내는 이렇게 질문을 계속합니다. "왜 알면서도 그렇게 했어?", "내가 이렇게 하라고 했는데 왜 내 말대로 안 했어?" 왜 잘못을 반복하느냐는 아내의 질문에 남편은 제대로 답할 수가 없습니다. 심지어 "다음부터는 잘할게."라는 말도 별 소용이 없습니다. 이미 몇 번이나 그런 말을 아내에게 해왔기 때문입니다.

이런 식으로 부부 싸움이 계속되면 두 사람의 관계가 회복될 가능성은 거의 없습니다. "왜 할 수 있는데 못하는가? 하면 되는데!"라는 생각을 버리지 않는 한 부부간의 갈등은 계속됩니다. 이 점에서 갈등의 책임은 아내에게도 있습니다. 남편이 못 할 수도 있다는 것을 인정하지 않았기 때문입니다. 남편이 못 한다는 것을 인정하면 그다음에는 알려주고 도와주어야 한다는 생각이 나겠지만, 그렇지 않고 남편이 대단한 존재라고 착각하면 아내의 말은 잔소리가 될 뿐입니다.

나이 든 세대의 경우 대부분의 남자들은 아내에게 잘못했다고 말하지 않습니다. 만약 그런 분이 있다면 정말 대단한 분입니다. 따라서 잘못했다고 말하는 것 자체가 얼마나 남자에게 자존심 상하는 일인지를 아내들은 알 필요가 있습니다. 잘못했다고 말하는데 "뭘 잘못했는데?"라고 말하거나 잘못의 이유를 고백하는 남편에게 왜 알면서도 그렇게 했느냐고 다그치는 것은 남편에게 굴욕감을 주는 것입니다. 잘못의 이유를 모를 때에는 그런 것도 모르니 아주 무식한 남편이 됩니다. 잘못의 이유를 알면, 알고도 했으니 무능력하거나 무책임한 사람이 되는 것이지요. 이것은 반칙입니다. 아내는 남편이 무식하거나 무능력하거나 무책임한 사람이라는 것을 스스로 증명하게 하여 굴욕감을 주도록 해서는 안 됩니다. 부부 싸움의 목적은 상대방을 이기는 것이 아니기 때문입니다.

실례: 양말도 제대로 못 벗어?

일반적으로 부부 싸움은 사소한 것에서 시작합니다. 그리고 그 사소한 것은 상대방에 대한 무지에서 비롯됩니다. 예를 하나 들겠습니다. 일반적으로 대부분의 남편은 양말을 아무렇게나 벗습니다. 그러면 아내는 양말을 뒤집지 말고 바로 벗어서 세탁 바구니에 넣어 달라고 부탁합니다. 물론 그다음 날 양말은 여전히 뒤집혀진 채 거실 구석에 놓여 있습니다. 그러면 아내는 화가 나서 양말 벗어서 세탁 바구니에 넣어 달라고 했는데 그것도 못 하냐고 화를 냅니다. 그러면 남편은 미안하다고 하면서 다음에 잘하겠다고 말합니다. 하지만 그다음 날에도 변한 것은 없습니다. 하루나 이틀은 세탁 바구니에 있는 양말을 보겠지만 사흘이 지나고 나면 원래대로 돌아갑니다.

이렇게 되면 아내는 화가 날 수밖에 없지요. 남편이 자기를 무시한다고 생각하고 자기를 사랑하지 않는다고 생각합니다. 자기를 조금이라도 존중한다면 양말 하나 제대로 처리하지 못할 수 있을까 하며 화가 납니다. 그리고 마침내 아내는 자신의 생각을 말로 표현합니다. "여보, 당신은 정말 날 사랑하세요?" 아내의 생각에 잘못된 것이 있을까요? 전혀 그렇지 않습니다. 아내의 생각 자체는 틀리지 않지만 문제는 양말과 사랑을 연결한 것입니다. 양말은 양말로 해결해야지 양말을 사랑과 연결하면 해결이 되지 않습니다.

여기서 아내가 전혀 모르는 사실이 하나 있습니다. 그 남편은 양말을 벗을 때 바로 벗어서 세탁 바구니에 넣을 줄 모른다는 사실입니다. 제가 이렇게 말하면 아내들은 그게 무슨 말이냐고 말도 안 된다고 생각할 것입니다. 하지만 제가 다시 강조하지만 그것은 남편에게 불가능합니다. 그 남편은 양말을 제대로 벗을 수 없습니다. 왜냐하면 결혼하기 전까지 한 번도 그렇게 한 적이 없었기 때문입니다. 요즘은 다르겠지만 이 땅의 대부분의 어머니는 아들의 뒤집힌 양말을 본인들이 다시 뒤집으면서 결혼 전까지 키웠습니다. 이 사실을 알게 되면 아내는 시어머니의 자녀 교육을 공격하게 되지요. 그렇게 되면 확전은 불가피하게 됩니다.

그러면 어떻게 해야 할까요? 어처구니없겠지만 자신의 남편이 양말도 제대로 벗지 못하는 사람이라는 것을 받아들여야 합니다. 이것을 인정해야 제대로 된 해결책이 나올 수 있습니다. 그렇지 않고 그것이 어떻게 가능하냐고 따지기 시작하면 사소한 말다툼은 부부 싸움으로 발전하고 감정싸움이나 자존심 싸움으로 번지기 쉽습니다. 이런 속성을 알게 되다면 현숙한 여인은 절대로 양말에 목숨을 걸지 않을 것입니다.

그러면 어떻게 해야 할까요? 이와 같은 이유로 이 땅의 대부분의 아내는, 뒤집은 양말이 사실 별것 아니기 때문에 남편의 어머니들이 했던 것처럼 그냥 참고 본인이 양말을 처리합니다. 하지만 그것을 고치겠다고 마음을 먹었다면 단순히 잔소리한다고 해결될 수 있는 일이 아니라는 것을 기억하셔야 합니다. 수십 년 동안 양말을 제대로 벗어 보지 않은 사람이 제대로 벗을 때까지는 시간이 오래 걸립니다. 아무리 쉬운 일도 습관을 하루아침에 바꾸는 것은 거의 불가능합니다. 따라서 짜증이 나겠지만 여유를 가지고 남편으로 하여금 습관을 바꾸도록 교육을 시켜야 합니다. 물론 그 방법은 정해진 것은 없습니다. 마치 아들을 키우듯이 남편이 양말을 제대로 벗어서 세탁 바구니에 넣었을 때 "참 잘했어요."라고 말하면서 한 번 키스해주는 것이 훨씬 더 효과적일 수 있습니다.

성격 차이가 아니라 말투

부부가 싸우는 이유는 두 사람이 뭔가 다르기 때문입니다. 만약에 두 사람이 똑같이 사고하고 똑같은 감정을 가진다면 싸울 이유가 없겠지요. 하나님은 전혀 다른 두 사람을 한 몸으로 만드셨습니다. 그렇기 때문에 하나가 되기 위해서는 서로 많이 노력해야 합니다. 많은 사람이 부부간의 갈등 원인을 성격 차이라고 생각합니다. "나와 집사람은 성격이 안 맞아! 안 맞아도 너무 안 맞아!"라고 고민을 털어놓습니다. 그런데 상당수의 부부는 성격이 맞지 않음에도 불구하고 잘 살고 있습니다. 이 말은 무엇을 뜻할까요? 성격 차이가 갈등의 본질이 아니라는 것을 의미합니다.

이미 결혼하기 전부터 두 사람은 성격이 많이 달랐습니다. 다르다는 것을 잘 몰랐을 수도 있지만 적어도 그때는 그 다른 점이 좋아 보였을 것입니다. 누가 자기와 완전히 똑같은 사람과 결혼하기를 원하겠습니까? 하지만 결혼 후에 성격 차이가 점점 서로에게 짐이 되기 시작할 수 있습니다. 문제는 어떤 부부는 그것을 잘 극복하고 살고 있고, 어떤 부부는 그것을 극복하지 못하고 극심한 갈등 가운데 있다는 것입니다. 성격 차이가 문제이기는 하지만 그것이 부부 갈등의 본질은 아니라는 것이 여기서 드러납니다.

성격 차이는 시간이 지나면서 소통으로 극복이 되어야 합니다. 소통하지 않으면 성격 차이는 극복할 수 없게 됩니다. 부부가 한집에 살고 있고 한 침대에서 잠을 잔다고 해서 서로를 잘 아는 것은 아닙니다. 서로 다투는 이유는 서로를 모르기 때문입니다. 또는 알아도 충분히 알지 못하기 때문입니다. 서로를 충분히 알지 못하면 자기 방식대로 자기 말만 하게 되어 있습니다. 상대방의 입장이나 감정은 전혀 고려하지 않게 되는 것이지요.

부부 싸움은 보통 이런 식으로 진행이 됩니다. 휴일에 누워있는 남편에게 아내는 그동안 쌓였던 감정을 풀어냅니다. 그런 아내를 남편은 대충 무시하다가 아내가 계속 바가지를 긁으면 보통 이런 식으로 응대합니다. "내가 뭘 그렇게 잘못했는데?"라는 질문을 시작하면서 "내가 도박을 했니, 아니면 바람을 피웠니?"라고 아내에게 대꾸합니다. 그러면서 "나처럼 가정에 충실한 사람 있으면 나와 보라고 해!"라는 말로 자기를 방어합니다. 아내는 단지 속상하다는 말을 표현했을 뿐인데 그것을 받아 주지 않는 남편에게 너무 화가 납니다. "자기, 많이 속상했구나. 내가 속이 상한데 당신은 얼마나 속이 상했겠어?"라고 위로했으면 끝났을 텐데 오히려 아내의 가슴에 불을 질러 버리게 되었습니다. 속이 상한 아내에게 필요한 것은 따뜻한 남편의 위로이지 문제에 대한 해결책이 아닙니다.

진짜 문제는 이런 일이 반복되는 것입니다. 한두 번 반복되면 아예 체념하게 되고 서로 말을 하지 않습니다. 그렇게 되면 겉으로는 아무런 문제가 없습니다. 핵심적인 문제에 대해서 서로가 말하지 않기 때문이지요. 그러다 보니 부부 생활에 아무런 문제가 없다고 착각하게 됩니다. 한쪽은 속이 상해서 계속 쌓여만 가고 있는데 다른 한쪽은 그것을 전혀 모르고 살아갑니다. 자신의 체면을 위해 또는 자녀들을 위해 참기만 하다가 어느 순간에 그것이 터져 버리게 됩니다. 그때에는 잘못했다는 어떤 말도 소용이 없습니다. "왜 그때 말을 안 했어?"라는 말은 참 어처구니없는 질문이 되기도 합니다.

결국, 성격 차이가 문제가 아니라 소통의 문제인데, 소통에서 중요한 것은 내용보다는 방식입니다. 자신의 뜻을 상대방에게 설득시키는 것은 자신의 생각이 옳다는 것을 증명함으로써 이루어지지 않습니다. "그것 봐, 내가 하라는 대로 안 하니까 그렇게 돼버렸잖아?" 분명히 이 말이 틀린 말이 아님에도 불구하고 이런 말에 "그렇네, 내가 참 어리석은 사람이었네."라고 말하는 사람이 누가 있겠습니까? 만약 그렇게 말한다면 그것은 진심에서 우러나오는 말이 아니라 비아냥거리는 말일 것입니다. 이와 같은 비아냥은 상대방을 더 화나게 할 뿐이지요. 따라서 소통에서는 말보다는 말투가 훨씬 중요하다고 할 수 있습니다. 말은 생각을 다루지만, 말투는 감정을 건드리기 때문이지요.

성격이 다른 두 사람이 만나서 그 성격 차이를 극복하는 것이 부부의 삶입니다. 이것을 극복하는 방법은 진정한 소통인데 소통에서 중요한 것은 태도입니다. 그중에서 말의 태도인 말투가 제일 중요합니다. 그래서 성경은 사랑 안에서 참되게 행하라고 말하고(엡 4:15), 온유한 심령으로 바로잡으라(갈 6:1)고 권하고 있습니다. 이것은 말의 내용도 중요하지만, 말의 태도 역시 그에 못지않다는 것을 잘 보여 주고 있습니다. 실제로 대부분의 부부가 겉으로는 소위 "성격 차이" 때문에 이혼한다고 하지만 실제로는 소통 방식에서 심각한 문제가 있기 때문에 파국으로 가고 있습니다. 여기에 대한 답은 평소에 예쁜 말을 사용하는 것입니다.

교전 규칙 세우기

자신의 잘못을 인정하거나 싸움을 피하려고 해도 싸움이 해결되지 않는 수가 있습니다. 그렇게 되면 본인도 화가 나게 되고 서로 목소리가 커지게 되어 싸움을 피할 수 없는 상황에 이르게 됩니다. 이럴 때 중요한 것은 정해진 규칙에 따라 싸우는 것입니다. 규칙이 있어야 반칙도 존재하게 됩니다. 규칙이 없으면 반칙도 있을 수가 없지요. 규칙이 없는 싸움은 반칙이 난무하는 싸움으로 번지게 됩니다.

부부 싸움을 위한 교전 규칙은 싸움이 일어나기 전, 평소에 사이가 좋을 때 미리 만들어야 합니다. 싸움의 규칙은 평소에 만들 수 있지 서로가 싸우는 중간에는 만들 수 있는 것이 아닙니다. 싸움이 걷잡을 수 없이 확전이 되는 가장 큰 이유는 규칙 없이 싸우기 때문입니다. 싸움의 규칙이 없다 보니 싸우고 나서도 싸우는 과정에서 있었던 일에 대해서 자신에게 잘못이 있다고 생각하지 않거나 그것을 과소평가합니다. 따라서 평소에 부부 싸움의 규칙을 만들어 놓는 것이 좋습니다. 너무 많으면 오히려 도움이 되지 않으니 몇 가지만 만들어 놓으시는 것이 좋습니다.

저희 부부가 만들어 놓은 몇 가지 규칙입니다. 첫째는 존댓말로 싸우는 것입니다. 물론 이것은 평소에 서로 존댓말을 쓰는 것을 전제로 한 조언입니다. 연애할 때 처음에는 존댓말을 사용하다가 점차 반말로 말투가 변하는 것을 자주 보는데 저는 결혼하는 청년들에게 될 수 있으면 서로 존댓말을 사용하라고 권합니다. 서로 사이가 좋을 때야 반말이든 존댓말이든 상관이 없지만, 존댓말은 부부 싸움에서 아주 큰 효과를 발휘합니다. 반말로 싸우는 것과 존댓말로 싸우는 것은 싸움의 강도가 전혀 다릅니다. "내가 이렇게 하라고 했어, 안 했어?"라고 말하는 것과 "제가 이렇게 하라고 저번에 이야기했잖아요?"라고 싸우는 것은 아주 큰 차이가 있습니다. 참고로 반말로 싸우면 남자보다는 여자가 훨씬 더 큰 상처를 받게 된다는 점을 지적하고 있습니다. 이와 같은 이유 때문에 저희 부부는 싸움이 본격적으로 시작되면 의도적으로 존댓말을 더 쓰려고 하고 있습니다. 이렇게 싸우면 서로가 선을 지키게 되고 질서가 있는 싸움이 됩니다. 또한 싸우다가 반말을 한 것은 규칙을 어긴 것이 분명하므로 이 점에 대해서는 싸우고 나서도 미안하다고 말할 수밖에 없는 위치에 처하게 되기도 해서, 존댓말은 아주 좋은 울타리가 됩니다.

둘째는 해당 사항만 가지고 싸우는 것입니다. 싸움이 진행되면 여러 말이 오가게 되고 그렇게 되면 싸움의 주제가 바뀌게 되는 경우가 많습니다. 특히 과거를 끄집어내는 순간 부부 싸움은 무한대로 확전이 되고 싸움을 종결하기가 대단히 어렵습니다. 이 규칙은 아내들이 좀 유념할 필요가 있습니다. 일반적으로 아내들은 기억력이 좋다 보니 옛날에 있었던 일을 거의 다 기억하고 있습니다. 반대로 남편들은 주로 직장생활에 신경을 쓰다 보니 그런 세부적인 것들을 기억하지 못합니다. 이런 이유 때문에라도 과거의 일을 끄집어내어서 상대방을 공격하는 것은 부당한 싸움입니다. 기억력이 약할수록 불리한 싸움이기 때문입니다. 싸움이 공정하지 못하다는 생각이 들면 부부 싸움이 진정되기가 쉽지 않습니다.

부부 싸움이 확전되는 대표적인 예는 다음과 같습니다. "여보, 제가 식사 후에는 그릇을 싱크대 안에 놓으라고 했잖아요?" 남편이 아내의 말을 듣지 않았기 때문에 남편이 명백하게 잘못한 경우입니다. 그런데 남편은 기분이 나빠서 이렇게 말합니다. "자기 말투가 왜 그래?" 이것은 반칙이지요. 주제가 그릇 치우기에서 말투로 바꾸었기 때문입니다. 이 말을 듣고 아내가 화가 나서 "내 말투가 어때서? 당신 말투는 엄마 닮아서 더 해."라고 대꾸를 하면 더 큰 반칙을 하는 것입니다. 왜냐하면 이제 주제는 말투에서 집안으로 옮겨졌기 때문입니다. 따라서 이런 경우에는 상대방에게 교전 규칙을 어겼다는 것을 주지시키고 다시 원래의 주제인 그릇 치우기라는 주제로 돌아가야 합니다. "지금 제가 그릇 치우는 일에 대해서 이야기하고 있잖아요?" 사실 실제로 이렇게 말하기가 쉽지 않기 때문에 평소에 기분 좋을 때 연습을 할 필요가 있습니다.

셋째, 상대방의 자존심을 건드리지 않는 것입니다. 이것은 두 번째 규칙과 밀접하게 연결되어 있습니다. 둘째 규칙을 어기게 되면 상대방의 자존심을 건드리는 것은 거의 시간문제입니다. 싸움의 주제가 확대되면 상대방의 집안까지 언급이 됩니다. 더 나아가 상대방의 학벌이나 혼수 문제까지 언급이 되면 서로의 가슴에 치명상을 남기게 됩니다. 처음부터 이런 식으로 야비하게 싸우는 부부는 없습니다. 하지만 둘째 규칙을 무시할수록 셋째 규칙을 손쉽게 어기게 됩니다. 따라서 부부 싸움을 할 때는 해당하는 그 주제에만 집중하려고 서로가 노력해야 합니다.

이외에 하지 말아야 할 것들을 몇 가지 말씀드리고자 합니다. 절대 하지 말아야 할 것은 폭력입니다. 이것은 특별히 남편이 주의해야 합니다. 일단 폭력을 사용하면 습관이 될 위험이 대단히 높습니다. 아내도 남편의 연약함을 인식하여 폭력을 사용하지 않도록 공격의 수위를 조절할 필요가 있습니다. 성경에 보면 아내는 더 연약한 그릇이라고 했습니다(벧전 3:7). 아내는 귀하게 다루어야 합니다. 폭력을 사용하면 아내는 깨지는 존재라는 것을 남편들은 결코 잊어서는 안 됩니다. 어떤 남자들은 "맞을 짓을 했으니까 맞는 거지."라고 말하면서 폭력을 정당화하는 사람도 있는데 저는 단호하게 말할 수 있습니다. "맞을 짓은 없다!" 혹시 있다 하더라도 그것은 때려서 해결할 수 있는 일이 아닙니다. 부부 싸움을 하다가 폭력을 사용하는 것은 어떤 경우에도 허용될 수 없으며 그것은 무조건 폭력을 사용한 사람에게 잘못이 있습니다.

성경은 해가 져도 분을 품지 말라고 명령하고 있습니다(엡 4:26). 또한 부부에게 기도 외에 다른 이유로는 분방하지 말라고 권하고 있습니다(고전 7:5). 따라서 부부 싸움은 그날 안에 끝내는 것이 가장 좋습니다. 또한 아무리 화가 나도 방을 따로 쓰거나 집을 나가는 것은 극히 삼가야 합니다. 바울 사도가 경고하듯이 분방을 하게 되면 사탄이 들어올 빌미를 제공하는 것입니다. 여기서 중요한 것은 싸움을 정리하는 방식이 서로 차이가 날 수 있다는 점입니다. 어떤 사람은 감정을 최대한 빨리 풀려고 합니다. 어떤 사람은 오히려 시간을 두고 천천히 생각하면서 푸는 사람도 있습니다. 저의 경우 정말 화가 나면 그냥 잡니다. 어떤 사람은 어떻게 화가 나는데 잘 수 있는가 하고 생각하겠지만 그것이 실제로 가능한 사람이 있습니다. 제가 그렇게 하는 이유는 싸움을 확대하지 않기 위함이고, 일단 잠을 자고 나면 감정이 많이 풀리기 때문입니다. 각자가 감정을 푸는 방식이 다르기에 각자의 방식을 서로 존중하는 것이 좋습니다. 물론 이것도 평소에 충분히 대화를 통해서 알고 있어야 실천 가능한 방식입니다.

용서하는 사람이 이긴다

부부 싸움은 칼로 물 베기라는 말이 있습니다. 물론 대부분의 부부 싸움은 칼로 물 베기입니다. 하지만 물 베기가 무 베기가 될 수도 있습니다. 그러므로 부부 싸움을 결코 과소평가해서는 안 됩니다. 부부 싸움은 서로에게도 상처가 되지만 자녀들에게는 엄청난 폭력이 되기 때문에 적어도 자녀들 앞에서는 싸움을 하지 않도록 서로가 선을 지켜야 합니다. 자녀가 있을 때는 일단 그 자리를 피하거나 자녀들이 잠시 떠나게 하는 것이 제일 좋습니다. 부부 싸움을 자녀들이 보았다면 싸움이 끝난 뒤에 자녀들에게 반드시 미안하다고 말해야 합니다.

부부 싸움을 잘하기 위해서는 상대방을 잘 이해해야 합니다. 동의하거나 용납은 할 수 없어도 상대방을 정확하게 이해는 해야 싸움이 커지지 않습니다. 싸우면서 최대한 상대방을 이해하려고 노력하시면 부부 싸움도 서로에게 유익을 줄 수 있습니다. 싸움이 끝나고 나서 서로에 대한 좋지 않은 감정이 식은 다음에는 진정한 대화를 나눌 수 있습니다. 물론 이때 조심해야 할 것은 이 대화가 다시 싸움으로 번지지 않도록 하는 것입니다. 이때는 상대방에 대한 이야기는 하지 말고 자신에 대해서 이야기를 하도록 합니다. 물론 가정 예배 때 서로를 위해서 진심으로 기도하는 것이야말로 최선의 해결책입니다. 그렇게 되면 부부 싸움으로 생긴 상처들은 회복이 되고 서로에 대한 이해가 더 깊어져서 서로를 더 사랑하게 될 것입니다.

결국 부부 싸움의 목적은 승리가 아니라 화해입니다. 화해는 결국 사과와 용서로 이루어질 수밖에 없습니다. 사과했는데도 "사과의 진정성이 없다.", "뭘 잘못했냐?", "왜 알면서도 그렇게 했냐?"라고 말하면 화해는 점점 멀어집니다. 사과의 진정성이 좀 부족해도 차라리 "좋아요. 이번에는 용서해 줍니다."라고 아량 있게 말하고 싸움을 종결하는 것이 훨씬 더 낫습니다. 부부 싸움의 진정한 승리자는 상대를 굴복시키는 자가 아니라 용서하는 자입니다. 물론 지금까지 제가 말씀드린 것들은 상대적으로 가벼운 부부 싸움인 경우에 통하는 방법입니다. 하지만 부부 싸움의 궁극적인 해결책이 사과와 용서라는 본질은 변하지 않습니다. 어떻게 보면 주기도문의 "우리가 우리에게 죄지은 자를 사하여 준 것 같이 우리 죄를 사하여 주시옵고"는 부부에게 가장 필요한 기도문이 아닌가 생각합니다. 부부의 삶은 평생 다툼, 사과, 그리고 용서를 반복하면서 서로를 다듬어가는 긴 여정입니다.

9장

음행의 사악함:
"너희 몸은 성령의 전인 줄 알지 못하느냐?"

음식은 배를 위하여 있고 배는 음식을 위하여 있으나 하나님은 이것
저것을 다 폐하시리라.

몸은 음란을 위하여 있지 않고 오직 주를 위하여 있으며 주는 몸을
위하여 계시느니라.

하나님이 주를 다시 살리셨고 또한 그의 권능으로 우리를 다시 살리
시리라.

너희 몸이 그리스도의 지체인 줄을 알지 못하느냐?

내가 그리스도의 지체를 가지고 창녀의 지체를 만들겠느냐? 결코
그럴 수 없느니라. 창녀와 합하는 자는 그와 한 몸인 줄을 알지 못하
느냐?

일렀으되 "둘이 한 육체가 된다" 하셨나니 주와 합하는 자는 한 영이
니라.

음행을 피하라!

사람이 범하는 죄마다 몸 밖에 있거니와

음행하는 자는 자기 몸에 죄를 범하느니라.

너희 몸은 너희가 하나님께로부터 받은 바

너희 가운데 계신 성령의 전인 줄을 알지 못하느냐?

너희는 너희 자신의 것이 아니라 값으로 산 것이 되었으니

그런즉 너희 몸으로 하나님께 영광을 돌리라. | 고전 6:13-20 |

서론: 음행을 가볍게 생각하는 세대

어려서부터 신앙생활을 한 저로서는 불신자들과 깊이 있는 교제를 나눈 적이 거의 없었습니다. 대학에 간 후 술자리에서 음담패설을 조금 접한 적은 있었지만 실제로 사창가에 간다든지 성매매를 통해 성관계하는 친구를 만난 적은 없었습니다. 신대원 1학년을 마치고 군대에 갔을 때 저는 불신자들의 실체를 생생하게 접할 수 있었습니다. 성경험이 전혀 없었던 저는 군대에서 천연기념물이라는 소리를 들었고, 대부분의 군인이 군대에 들어가기 전에 소위 "총각 딱지"를 뗀다는 것을 알게 되었습니다. 그때 제가 받은 충격은 이루 말할 수 없었고, 그 이후 저는 교회 안에 있는 순진한 자매들에게 그와 같은 사실을 기회 있는 대로 알리고 있습니다. 믿음의 자매들은 불신자와의 결혼을 결코 가볍게 생각하지 말아야 합니다.

적어도 불신자들에게 음행은 그렇게 나쁜 죄로 여겨지지 않습니다. 대표적인 예로 배우자 외에 다른 이성과 부적절한 관계를 맺는 것을 "바람을 피우다"라고 표현을 합니다. 이 표현의 정확한 의미를 알기도 어렵지만, 음행을 아주 가볍게 생각하는 표현인 것만은 분명합니다. 영화나 드라마는 음행을 가볍게 보게 하는 중요한 문화적 요소입니다. 남녀의 사랑을 다루는 영화들은 대부분 불륜을 다루고 있습니다. 더 큰 문제는 영화의 흥미를 높이기 위해 정상적인 부부는 부정적으로, 불륜의 관계는 아주 아름답게 묘사하고 있다는 것입니다. 이런 세계관 속에서 자란 우리 자녀들이 음행에 대한 경각심을 가지기는 매우 어렵습니다.

드라마나 영화 속에 등장하는 배우들의 실제 생활은 특히 자라나는 청소년들에게 영향을 주고 있습니다. 할리우드 배우들 중 상당수가 이혼과 재혼을 반복하고 있습니다. 그들 사이에 벌어지는 스캔들이나 불륜은 삼류 잡지의 단골 메뉴입니다. 더 심각한 것은 배우들이 그런 행위들에 대해서 전혀 죄책감을 느끼지 않을 뿐만 아니라, 오히려 자신들의 그런 행위를 자랑스럽게 생각하기도 한다는 것입니다. 더 나아가 그런 행태들은 대중들에게 분노의 대상이 아니라 호기심의 대상일 뿐입니다. 음행은 그냥 사람들의 입에 오르내리는 가십거리가 되었습니다. 이런 분위기 속에서 음행에 대한 경각심을 가지기는 거의 불가능합니다.

최근 오랜 논란 끝에 폐지된 간통죄 역시 음행에 대한 사람들의 사고방식에 많은 영향을 주었습니다. 여기에서 간통죄의 처벌에 대해서 찬반을 자세하게 논하는 것은 적절하지 않다고 생각합니다. 저의 중요한 관심사는 간통죄의 폐지가 가져온 결과입니다. 간통죄가 폐지되기 이전에는 사람들이 간통을 죄라고 생각했지만, 이제는 죄가 아니라는 생각이 자리를 잡기 시작했습니다. 물론 간통이 좋다고 생각하지는 않겠지만 간통은 이제 법의 문제가 아니라 도덕의 문제가 되어 버렸습니다. 그 결과 사람들은 예전과 같이 간통을 심각하게 생각하지 않습니다. 이제 성(sex)은 지극히 개인적인 문제가 되었고 공적인 영역을 떠나게 되었습니다.

음행에 대한 성경의 무시무시한 경고

우리의 생각과 달리 음행에 대한 성경의 경고는 매우 단호합니다.

> 어떤 남자가 유부녀와 동침한 것이 드러나거든 그 동침한 남자와 그 여자를 둘 다 죽여 이스라엘 중에 악을 제할지니라. 처녀인 여자가 남자와 약혼한 후에 어떤 남자가 그를 성읍 중에서 만나 동침하면 너희는 둘 다 성읍 문으로 끌어내고 그들을 돌로 쳐 죽일 것이니 그 처녀는 성안에 있으면서도 소리 지르지 아니하였음이요 그 남자는 그 이웃의 아내를 욕보였음이라. 너는 이같이 하여 너희 가운데에서 악을 제할지니라. | 신 22:22-24 |

이처럼 성경은 음행을 결코 가볍게 취급하지 않습니다. 어떤 사람은 너무 심하지 않은가 하고 생각할 수 있습니다. 죄의 크기는 형벌에 따라 알 수 있는데 음행에 대한 벌은 투석에 의한 사형입니다. 구약시대에 음행은 우상숭배나 살인과 동일한 크기의 죄로 취급받았습니다. 남자에게 더 관대한 처벌을 취하는 오늘날 이슬람과는 달리 음행에 대한 율법의 처벌에는 남자와 여자의 차별이 존재하지 않습니다. 음행에 대한 처벌이야말로 성경이 가장 분명하게 말하는 남녀평등입니다.

음행한 자를 투석으로 처형하는 형벌이 예수님 당시에도 그대로 존속하였다는 것을 독자 여러분은 잘 알고 있을 것입니다. 요한복음 7장에 보면 간음한 여인이 등장하는데 사람들은 율법에 따라서 그 여인을 돌로 쳐 죽여야 한다고 생각했습니다. 그때 예수님은 그 유명한 말씀을 하셨습니다. "너희 중에 죄 없는 자가 먼저 돌로 쳐라!" 예수님의 이 말씀을 잘 이해해야 하는데 그렇지 않으면 신자들은 어떤 죄든지 무조건 용서해 주어야 한다고 생각할 수 있기 때문입니다. 예수님의 말씀을 잘못 이해하면 음행이 별것 아니라는 생각이 들 수도 있습니다. 실제로 이와 같은 이유로 이 본문이 아주 초기 성경 사본에서 삭제된 경우도 적지 않았습니다. 또한, 이 본문을 들먹이면서 목사나 성직자의 음행을 덮어버리는 일이 오늘날에도 여전히 계속 일어나고 있습니다.

이 본문에서 강조되어야 할 것은 간음과 같은 사악한 죄도 우리 예수님께서 용서하시는 권한을 가지고 계시다는 점입니다. 예수님께서 하나님만이 가지고 계신 죄 사함의 권한을 가지고 계심을 보여주는 것이 이 사건에 담긴 핵심 내용입니다. 다른 모든 성경 본문에 대한 해석도 마찬가지지만, 이 본문에서도 간음한 여인이 아니라 예수님이 주인공이 되어야 합니다. 그리고 이 죄를 용서할 수 있는 권한도 오직 예수님만이 가지고 계시다는 점을 분명히 인식하여야 합니다. 간단히 말해서 "죄 없는 자가 돌로 쳐라."라는 말씀은 오직 예수님만이 하실 수 있는 말입니다. 그렇지 않고 이 말씀을 이용하여 목회자나 교회 지도자들의 음행을 덮어버리거나 약화하는 것은 이 본문을 전혀 잘못 적용하는 것입니다.

다시 한번 강조하지만, 성경은 음행이 몹시 나쁜 죄라는 것을 여러 곳에서 너무나 분명하게 선언하고 있습니다. 고린도전서 6장에서 바울은 하나님의 나라를 유업으로 받지 못하는 여러 "불의한 자들"에 대해서 언급하는데, 그 불의한 자들 중 첫 번째가 바로 음행하는 자들입니다. 계시록 22장 15절도 다음과 같이 선언합니다. "개들과 점술가들과 음행하는 자들과 살인자들과 우상 숭배자들과 및 거짓말을 좋아하며 지어내는 자는 다 성 밖에 있으리라." 간단히 말해서 음행하는 자들은 천국에 들어가지 못합니다. 더 구체적으로 말하면 음행하는 자들은 지옥의 심판을 받게 될 것입니다.

성경은 위에서 언급한 것과 같이 음행의 사악성에 대해서 분명히 말하지만 왜 음행이 나쁜 죄인지 그리고 얼마나 나쁜지에 대해서 상세하게 가르치지는 않습니다. 이 점에서 고린도전서 6장은 아주 중요한 본문인데, 음행이 가지고 있는 죄의 본질을 가장 분명하게 잘 가르쳐 주고 있기 때문입니다. 예수님께서 말씀하셨듯이 음행은 이혼이 허락된 유일한 이유입니다. 따라서 신자들은 음행이 얼마나 심각한 죄인지를 성경을 통해 분명히 인식해야 할 것입니다.

음행이 사악한 이유

고린도전서 6장에 따르면 하나님께서 음행을 심각하게 보시는 이유는 음행을 통하여 단지 부부간의 정조와 신뢰가 지켜지지 않았기 때문이 아닙니다. 그 정도의 죄 때문에 성경이 음행에 대해 저주에 가까운 경고를 하지는 않습니다. 음행의 사악함은 그것보다 훨씬 깊은 곳에 자리 잡고 있습니다. 앞으로 살펴보겠지만 실제로 음행은 본질상 우상숭배와 다를 바가 없습니다. 하나님을 고백하면서 음행하는 자는 "실천적 우상숭배자"입니다. 말로는 하나님을 섬기지만, 행위로는 가증스러운 우상숭배에 빠져있기 때문입니다.

음행을 궁극적으로 하나님의 전인 성전을 더럽히는 행위로 보았기 때문에 사도바울은 음행에 대해서 고린도 교회 성도들에게 엄중하게 경고했습니다. 이 점에서 우리는 성전의 의미를 분명하게 이해할 필요가 있습니다. 예수 그리스도의 사역으로 말미암아 신자의 삶에서 여러 가지 큰 변화가 일어났는데, 그중 하나가 성전의 개념이 변한 것입니다. 그리스도께서 오시기 이전에 성전은 솔로몬 왕이 세운 건물을 가리켰습니다. 이 성전에서 구약 이스라엘 백성들은 하나님께 제사를 드렸습니다. 성전은 무엇보다 하나님의 영이 거하시는 곳입니다. 특히 지성소는 하나님의 영광이 구름(쉐키나)이라는 형태를 통해서 충만한 곳이었습니다. 성전은 하나님의 영광이 가장 찬란하게 빛나는 곳이었습니다.

돌로 만들어진 구약의 성전은 신약 시대에는 전혀 필요가 없게 되었습니다. 예수님께서 자신의 몸으로 영원한 산 제사를 드리셨기 때문에 이제 신약의 신자들은 희생 제사를 더 이상 드릴 필요가 없습니다. 제사가 폐하여졌기 때문에 제사 드리는 장소로서의 성전도 우리에게 더 이상 필요 없게 되었습니다. 그 대신 주님의 영은 신자들의 모임인 교회에 거하게 되었습니다. 간단히 말하면 돌이 아니라 사람이 성전이 되었습니다. 본문 조금 앞에 나오는 고린도전서 3장 16절에서 바울은, "너희가 하나님의 성전인 것과 하나님의 성령이 너희 안에 계시는 것을 알지 못하느냐?"라고 질문하고 있습니다. 승천하신 예수 그리스도께서는 성령을 우리에게 보내셔서 우리 안에 거하게 하셨습니다. 그 결과 건물이 아니라 신자들이 성전이 되었습니다. 따라서 오늘날 우리는 교회당을 성전이라고 불러서는 안 됩니다.

고린도전서 전반에 걸쳐서 우리는 새로운 성전에 대한 분명한 진술을 보게 됩니다. 그런데 6장에는 성전의 개념이 더 특별하게 진술되고 있는데, 여기서 우리는 몸이라는 단어가 상당히 빈번하게 등장하는 것을 다음과 같이 확인할 수 있습니다.

"몸은 음란을 위하여 있지 않고,"

"주는 몸을 위하여 계시느니라."

"너희 몸이 그리스도의 지체인 줄"

"창녀와 합하는 자는 그와 한 몸"

"몸 밖에 있는 죄"

"몸 안에 있는 죄"

"너희 몸은 성령의 전"

이런 구절들을 보게 되면, 인간의 몸이 생각보다 매우 중요하다는 것을 알게 됩니다. 이것은 몸에 대한 성경적 교훈이 그 당시 영혼보다 몸을 열등한 것으로 보는 헬라 철학과는 근본적으로 다르다는 것을 결정적으로 증명합니다. 그런데 이와 같은 헬라 철학적 사고방식은 오늘날 신자들에게서도 그대로 나타나고 있습니다. 일반적으로 대부분의 신자들은 몸보다는 마음이나 영혼이 더 중요하다고 생각하는 경향이 있는 것 같습니다. 대표적으로 예수님이나 성령님은 우리 마음에 계신다고 말하기를 좋아합니다. 성찬 예식에서 신자들이 예수님의 참된 몸을 실제로 먹는다고 말하거나 성령님이 우리 몸 안에 계신다고 말하면 뭔가 어색함을 느낍니다. 그러나 오늘 우리가 읽은 본문 말씀은 명백히 우리의 "몸"이 성령의 전이라고 선언하고 있습니다. 즉 우리의 몸은 성령님께서 거하시는 집이라고 할 수 있습니다. 이것이 성도에게 주는 교훈을 차례로 살펴보겠습니다.

선하고 아름답게 창조된 몸

우리는 하나님께서 인간의 몸을 어떻게 만드셨는지 잘 압니다. 오늘 본
문과 관련하여 두 가지 사실이 중요합니다.

> 첫째, 하나님은 흙으로 몸을 만드시고, 그 코에 생기를 불어 넣으셨
> 습니다.
> 둘째, 하나님이 아담과 하와를 짝지어서 한 몸이 되게 하셨습니다.

하나님께서 이 세상 모든 만물을 지으시고, 사람을 지으셨습니다. 흙으
로 사람의 몸을 만드셨습니다. 그리고 그 코에 생기(바람)를 불어 넣으니
까 사람이 살아있는 생명체가 되었습니다. 하나님은 그 사람을 보시고
좋았다고 하셨습니다. 여기서 우리는 중요한 사실 하나를 발견하게 됩
니다: 하나님께서 몸에 생기를 불어 넣었다는 사실입니다. 여기서 생기
라는 말은 바람 혹은 숨(루아흐)이라는 말인데, 히브리어로 하나님의 영
을 가리키는 말이기도 합니다. 즉, 우리의 몸은 숨이 거하는 곳입니다.
숨이 없으면 그 몸은 이미 죽은 몸입니다. 하나님께서 우리 몸을 만들
때 숨이 거하는 곳으로 만드셨습니다. 이 말은 우리 몸속에 하나님의 성
령이 거하실 수 있다는 것을 의미합니다. 어떻게 전혀 다른 둘(물질적인
몸과 영적인 숨)이 하나로 결합될 수 있을까요? 여기에 대한 답을 우리는
알 수 없습니다. 확실한 것은 하나님께서 몸을 그와 같은 존재로 만드셨

다는 것입니다.

하나님은 영(숨)이 거하는 몸을 만드시되 남자와 여자로 만드셨습니다. 인간의 몸은 스스로 존재할 수 없고 반드시 하나로 연합되어 있어야 합니다. 몸 자체가 영과 하나가 되어야 하고 또 이 몸은 다른 몸과 하나가 되어야 합니다. 하나님은 아담과 하와를 만드시고 "한 몸"이 되게 하셨는데 이것을 통해 우리는 몸의 가장 이상적인 상태가 무엇인지를 확실하게 알 수 있습니다. 사도 바울도 바로 이 창조 본문을 인용하면서 인간의 몸이 왜 성전인지를 증명하고 있습니다.

이처럼 창조된 몸의 아름다움은 인간의 타락으로 인해서 완전히 망가졌습니다. 우리의 몸은 더 이상 창조 때의 아름다운 몸이 아닙니다. 나이가 들면 늙고 힘이 없고 추해지게 됩니다. 나이가 들지 않더라도 병으로 인해 몸이 고통을 당합니다. 우리의 몸은 몸에 좋은 음식보다는 몸에 해로운 음식을 좋아하게 되었습니다. 가난한 나라에서는 가난한 자들이 굶주림의 고통을 당하지만, 잘사는 나라에서는 정반대로 적지 않은 사람들이 비만의 고통을 당하고 있습니다. 무엇보다 죄로 인해서 사망이 들어왔습니다. 사망이라는 것이 무엇입니까? 하나님께서 우리 몸속에 주신 숨 혹은 영이 우리의 몸을 떠나는 것입니다. 죄로 인해 몸은 하나님께서 주신 숨을 더 이상 보관할 수 없게 되었습니다. 그 영이 우리 몸을 떠날 때, 우리의 몸은 추하게 됩니다. 우리의 아름다운 몸은 썩어져서 추하고 더럽고 냄새나는 시체로 변하게 됩니다. 이것은 죄의 결과입니다. 죽음은 죄가 인간에게 주는 가장 비참한 형벌입니다.

몸은 반드시 하나의 다른 몸과 연합해야 한다는 하나님의 규범도 더이상 지켜지지 않게 되었습니다. 가인의 후예인 라멕의 시대에 가면, 벌써 아내를 두 명이나 두게 됩니다. 사실, 아브라함이나, 야곱, 이삭도다 여러 명의 아내를 두었습니다. 더구나 야곱의 아들인 유다는 자기 며느리가 기생인 줄 알고 그와 관계를 맺었습니다. 이것은 무엇을 뜻합니까? 아내를 여러 명 갖는 것, 창녀와 몸을 섞는 것이 그냥 자연스러운 문화가 되었다는 것을 의미합니다.

몸을 더럽히고 있었던 고린도 교회

인간의 타락은 시간이 지날수록 점점 더 심해졌습니다. 특히 하나님을 모르는 이방인들에게서는 성적인 타락이 더욱 심해졌습니다. 바울이 이편지를 보낸 교회는 고린도라는 곳에 있었습니다. 이 도시는 엄청나게큰 항구도시였고 그 당시 무역이 매우 발달한 곳이었습니다. 그곳에 복음이 전해져서 많은 사람이 예수님을 구주로 고백하고 그리스도인이 되어 교회 안으로 들어왔습니다. 하지만 많은 경우에 그들은 지난 옛 습관을 그대로 지니고 있었습니다. 특히 음행의 문제가 그러했습니다. 그들은 음행에 대해서 전혀 죄책감을 느끼지 못했습니다. "아니, 남녀가 서로 좋아서 즐기는데 무엇이 잘못되었는가?" 사실, 이런 생각은 오늘날도 마찬가지입니다.

다른 죄와 달리 음행은 아주 독특한 성격을 지니고 있습니다. 살인, 사기, 도둑질은 일방적으로 이루어지고 가해자와 피해자가 분명합니다. 이 죄들은 상대방의 동의 없이 혹은 의사에 반하여 이루어집니다. 하지만 음행은 서로의 동의하에 이루어집니다. 만약 배우자에게 들키지만 않는다면 피해 보는 사람이 아무도 없습니다. 서로가 원한다면 서로 사랑하고 즐기고 행복하게 사는 것이 더 복된 것이 아닐까요? 사랑하지도 않는데 억지로 붙어사는 것이 정말 행복일까요? 오늘날 대부분의 대중매체가 이런 생각을 사람들에게 암암리에 불어넣고 있습니다. 한 사람만 사랑하는 것은 고지식하고 미련하고 어리석은 것으로 묘사되고 있습니다. 한 명의 남자가 한 명의 여자하고 평생 같이 사는 것을 속박이라고 생각합니다. 대중들이 불륜을 좋아하고, 그런 매체를 많이 보니까 세상이 계속 그런 것들을 만들어 내고 있습니다.

고린도 교회 역시 이런 분위기가 아주 보편적이었습니다. 사도 바울이 그런 사람을 교회에서 쫓아내고 그런 사람들과 사귀지 말아야 한다고 엄하게 말하니까 어떤 사람은 "세상에 있는 모든 사람이 그렇게 살고 있는데, 그렇다면 세상 밖으로 나가야 합니까?"라고 항의하는 사람도 있었던 것 같습니다(참고. 고전 5:10-12). 물론 바울의 의도가 그런 것은 아니었습니다. 신자는 아주 더럽고 난잡한 불신자와도 적당히 잘 어울려 살아야 합니다. 바울 사도가 문제 삼고 있는 사람들은 불신자가 아니라 교인입니다. 즉, 입으로는 교인이라고 말하면서, 행하는 것은 불신자와는 전혀 다를 바 없는 사람들, 그 사람들을 교회에서 쫓아내야 한다는 것입니다.

이를 위해서 교인들에게 필요한 것은 판단력입니다. 세상 사람들은 하나님께서 판단하실 것입니다. 그러나 교인들은 교인들이 판단해야 합니다. **"밖에 있는 사람들은 하나님이 심판하시려니와 이 악한 사람은 너희 중에서 내쫓으라"**(고전 5:13). 교회는 그냥 적당히 타협하고 은혜라는 이름으로 좋은 게 좋은 것이라며 넘어가는 곳이 아닙니다. 물론 그렇다고 해서 사소한 잘못까지 일일이 따지면서 판단하는 곳도 아닙니다. 하지만 교회는 세상과는 확실히 달라야 합니다. 이것이 하나님께서 교회를 부르신 목적입니다. 교회 안에 명백히 불의를 행하고 악을 행하는 자를 그대로 두어서는 안 됩니다.

여기서 질문이 생깁니다. 신자들이 세상의 악한 사람과는 교제하고 살아도 되는데, 왜 교회 안에서는 그런 사람들과 교제를 하면 안 될까요? 여기서 우리는 교회와 세상 사이에는 근본적인 차이가 있다는 것을 알 수 있습니다. 그것은 거룩성입니다: 교회는 하나님의 영이 거하시는 거룩한 성전입니다. 우리는 주일마다 사도신경을 통해서 "거룩한 교회"를 믿는다고 고백합니다. 만약 우리가 교회가 거룩하다고 고백한다면, 우리는 거룩한 교회를 이루기 위해서 최대한 노력해야 합니다.

거룩한 몸: 그리스도의 지체요 하나님의 성전

거룩한 교회가 되기 위해서는 무엇보다 교회를 구성하고 있는 신자들이 거룩해야 합니다. 특별히 오늘 우리가 읽은 말씀에 따르면, 신자들의 몸이 거룩해야 합니다. 그런데 정말 신자들은 자신의 몸을 보면서 거룩하다고 생각할까요? 우선 거룩이라는 뜻은 무엇일까요? 거룩의 가장 기본적인 뜻은 '구별되었다' 혹은 '다르다' 입니다. 물론 단순히 다르다는 것만으로 거룩을 충분히 다 설명할 수 없습니다. 예를 들어, 이 책상과 저 책상은 다릅니다. 그렇다고 해서 이 책상이 저 책상보다 거룩하다고 할 수 없습니다. 따라서 구별되었다고 했을 때 무엇을 위해서 구별되었는가가 중요합니다. 똑같은 물건이라도 하나님을 위해서 구별되었을 때, 우리는 그것을 거룩하다고 합니다. 대표적인 예가 성찬식에서 사용되는 빵입니다.

우리의 몸이 왜 거룩합니까? 우리의 몸이 세상 불신자들보다 더 나은 것이 무엇입니까? 몸매가 더 좋습니까? 몸이 더 튼튼합니까? 아마 별 차이가 없을 것입니다. 아무런 차이가 없음에도 불구하고 왜 우리 몸을 거룩하다고 할 수 있을까요? 사도 바울을 통하여 우리는 몇 가지 중요한 이유를 보게 됩니다. 첫째, 우리의 몸이 그리스도의 지체기 때문입니다. 믿음으로 말미암아 우리는 그리스도와 한 몸이 되었습니다. **"그리스도는 몸을 위하십니다."** 그리스도께서 어떻게 몸을 위하실까요? 원래 그리스도는 하나님과 동등하신 아들이셨습니다. 그러나 우리를 위해 인간의 몸을 취하셨습니다. 우리와 동일한 몸을 취하셨고, 시험과 고난을 받으시고 마침내 영원한 형벌을 받으셨습니다. 그뿐만이 아니라 그 동일한 몸을 가지고 부활하시고 승천하셨습니다. 그리고 마지막에 동일한 몸을 가지시고 심판하러 오실 것입니다.

또한, 우리의 몸은 **성령이 거하시는 전**입니다. 원래 우리의 몸은 사탄이 거하는 집이었습니다. 이전에 우리는 우리의 몸을 가지고 사탄을 기쁘게 하는 자들이었습니다. 그런데 성령님께서 우리의 몸을 바꾸셨습니다. 믿음으로 예수 그리스도와 연합하는 순간, 우리는 거듭나게 되었습니다. 거듭난다는 말은 단지 우리의 영혼이 새로 난다는 의미가 아닙니다. 우리의 몸도 변화되었습니다. 왜냐하면, 중생을 통해서 우리가 성령을 소유하게 되었기 때문입니다. 우리 몸에 성령이 거하시게 되었습니다. 이것이야말로 부활하신 그리스도께서 우리에게 주시는 가장 좋은 선물입니다.

이런 변화는 공짜로 이루어진 것이 아닙니다. 아주 값비싼 대가가 치러졌습니다. 사도 바울은 우리 주님께서 당신의 피로 값을 치르고 우리 몸을 사셨다고 선언하고 있습니다. 그 결과 어떤 일이 벌어졌습니까? 우리 몸의 소유권이 바뀌었습니다. 더 이상 우리 몸은 우리의 것이 아닙니다. 하나님의 것입니다. 중생하기 이전의 몸은 우리가 부모로부터 물려받았습니다. 이 몸은 결코 좋은 몸이 아닙니다. 모든 부분이 악으로 물든 몸이었습니다. 그리고 그 몸의 주인은 우리 자신이었습니다. 그러나 이제 우리 몸의 주인은 하나님의 것이 되었습니다. "너희는 너희 것이 아니다."라고 바울은 선언합니다. 그리스도의 십자가 사역으로 우리의 몸이 그리스도의 지체가 되어 성령의 전이 되었다는 것—이것이 바로 복음 그 자체입니다.

결론: 성전의 존재 목적은 하나님의 영광

이제 우리는 왜 음행이 그토록 사악한 죄인지를 알게 됩니다. 음행은 배우자의 마음에 큰 상처를 주고 심지어 자녀들에게 말할 수 없는 고통을 줍니다. 하지만 음행의 사악함은 그보다 훨씬 심각합니다. 음행이 사악한 이유는 바로 복음의 본질 자체를 음행의 행위로서 완전히 무너뜨리기 때문입니다. 앞에서 지적하였듯이 우리 몸은 처음부터 하나님의 숨(영)이 거하는 처소로 만들어졌습니다. 또한, 이 몸은 스스로 존재할 수 없도록 만들어졌습니다. 하나님은 아담의 몸과 하와의 몸을 언약을 통해서 하나의 몸으로 만드셨습니다. 신자의 몸도 마찬가지입니다. 스스로 혼자 설 수 없습니다. 다른 몸과 연합해야 합니다. 우리 몸이 정말로 성령이 거하시는 처소가 되기 위해서는 우리 몸이 그리스도와 연합해야 합니다. 그렇게 될 때 우리 몸은 지극히 거룩한 성전이 됩니다.

복음의 본질이나 핵심을 잘 모르면, 신자는 자신의 몸을 쉽게 더럽

힐 수 있습니다. 우리의 몸은 그리스도와 연합되어 있기 때문에 거룩한데, 이것이 얼마나 소중한지를 모르면 선을 넘어서 음행에 빠지는 것은 시간문제입니다. 하나님께서 주신 아내를 포기하고 다른 여자와 관계를 맺는다는 것은 바로 자기 몸에 죄를 범하는 것입니다. "사람이 범하는 죄마다 몸 밖에 있거니와 음행하는 자는 자기 몸에게 죄를 범하느니라." 창녀와 합하는 자는 창녀와 한 몸이 되어버립니다. 여러분의 몸이 창녀처럼 된다는 것입니다. 이와 반대로 주와 합하는 자는 한 영이 된다고 하였습니다. 결국 복음에 대한 분명한 확신만이 우리를 음행으로부터 완전하게 지킬 수 있습니다.

여기서 우리는 성(sex)에 대한 아주 중요한 교훈을 얻게 됩니다. 성은 단순한 쾌락 행위가 아니라 두 사람을 하나의 몸으로 만드는 행위입니다. 우리는 이 사실은 창세기 2장 24절에서 아주 분명하게 알 수 있습니다. "남자가 부모를 떠나 그의 아내와 합하여 둘이 한 몸을 이룰지로다." 물론 여기에서 우리는 두 사람이 어떻게 한 몸이 되었는지를 알지 못하지만 그 수단은 성이라는 것을 충분히 유추할 수 있습니다. 사도 바울은 이 말씀에 근거하여 음행하는 자들의 죄가 얼마나 사악한지를 증명하고 있습니다. 성은 두 사람을 한 몸으로 만드는 것인데, 창녀와 합하면 창녀와 한 몸이 되는 것이고, 이것은 그리스도의 지체요 성령의 전인 성도의 몸을 완전히 더럽히는 것입니다.

믿음으로 신자가 그리스도와 연합할 때 그리스도와 신자는 같은 한 영, 즉 성령을 소유하게 됩니다. 그래서 칼뱅 선생님은 성령을 그리스도와 신자를 연결하는 고리(bond)라고 말하기도 했습니다. 신자는 그리스도의 지체이고 따라서 한 몸입니다. 그리고 더 나아가 신자와 그리스도는 한 영입니다. 한 몸과 한 영이니 그리스도와 우리는 떼려야 뗄 수 없는 관계가 되었습니다. 마치 한 사람처럼 되었다는 말입니다.

우리의 몸이 이렇게 거룩한 성전이 되었다면, 이제 우리는 이 몸으로 무엇을 해야 하겠습니까? 마지막 성경 구절은 바울 사도의 아주 유명한 결론입니다. "그런즉 너희 몸으로 하나님께 영광을 돌리라!" 믿음으로 그리스도와 연합한 신자의 몸은 이제 음행을 위해서가 아니라 성전의 목적인 하나님의 영광을 위해서 존재해야만 합니다. 무엇보다 음행을 피하고 거룩과 정결의 삶을 살아야 합니다. 이것은 특별히 부부 안에서 이루어져야 합니다. 하나된 부부야말로 진정으로 하나님의 형상이요 하나님의 영광이기 때문입니다. 독자들은 여러분의 몸에 대하여 어떻게 생각하십니까? 어떻게 보면, 전혀 볼품없는 몸일 수 있습니다. 그러나 이제 그리스도의 지체요 성령께서 거하시는 전이 되었습니다. 그 몸으로 하나님께 영광을 돌리십시오. 하나님께서 인간을 만드시고 그들에게 명령을 주셨습니다. "온 세상을 다스리라." 이것이 하나님께서 몸을 만드신 이유입니다. 하나님의 뜻을 실제로 이루기 위해서는 우리의 영혼만 필요한 것이 아니라 우리의 몸도 필요합니다.

만약 우리가 몸을 이렇게 이해한다면, 그리스도의 지체요 성령의 전이라는 것을 믿는다면, 음행이 얼마나 사악한 죄인지 분명히 알 수 있을 것입니다. 네덜란드 개혁파 교회가 고백하는 하이델베르크 교리문답 1 문답은 이렇게 시작하고 있습니다.

> **문.** 사나 죽으나 당신의 유일한 위안은 무엇입니까?
>
> **답.** 사나 죽으나 저는 제 것이 아니요, 제 몸과 영혼 모두 저의 신실하신 구주 예수 그리스도의 것이라는 사실입니다. 그리스도께서는 그분의 보혈로 저의 모든 죗값을 완전히 치르시고 저를 마귀의 모든 권세에서 해방하셨습니다. 또한 하늘에 계신 저의 아버지의 뜻이 아니면 머리털 하나도 땅에 떨어지지 않도록 저를 보호하시며, 모든 것이 합력하여 저의 구원을 반드시 이루게 하십니다. 그러함으로 그리스도께서는 그분의 성령으로 말미암아 제가 영생 받았음을 확신하게 해주시고, 이제부터는 온 마음을 다하여 기꺼이 그리고 어느 때든지 그리스도를 위해 살게 하십니다.

이 교리문답은 신자의 유일한 위안을 너무나 아름답게 표현했습니다. 우리의 논의와 관련하여 주목하게 되는 단어는 "몸"입니다. 하이델베르크 교리문답은 곳곳에서 몸을 강조하고 있는데 의외로 많은 해설서가 여기에 충분히 주목하지 않고 있는 것은 아쉬운 점입니다. 우리의 몸이 그리스도와 연합하여 한 지체가 되었고 그 결과 성전이 되었다는 것은 복음의 본질입니다. 따라서 음행이란 단순한 도덕적 실수나 죄가 아니라 복음의 본질과 핵심을 무너뜨리는 죄입니다. 음행하는 자가 천국을 유업으로 받지 못하는 궁극적인 이유가 바로 여기에 있습니다.

10장

"만일 갈라섰으면": 이혼과 재혼에 대한 성경의 교훈

결혼한 자들에게 내가 명하노니 (명하는 자는 내가 아니요 주시라)

여자는 남편에게서 갈라서지 말고

만일 갈라섰으면 그대로 지내든지 다시 그 남편과 화합하든지 하라.

남편도 아내를 버리지 말라. | 고전 7:10-11 |

부담스러운 주제

교회 안에서 이혼과 재혼이라는 주제를 다루기는 정말 쉽지 않은 일입니다. 특히 교회 안에 이혼하거나 재혼한 성도들이 있다면 더욱 그러합니다. 이런 이유로 대부분의 성도들은 이 주제를 회피하려고 합니다. 목사들도 이 주제에 대해서 원론적인 말만 하고 구체적이고 실제적인 교훈은 말하지 않습니다. 당회도 이혼과 관련된 문제에 개입하려고 하지 않습니다. 예전에는 이혼과 관련하여 교회에서 치리가 자주 시행됐지만, 요즘에는 그런 소식을 거의 듣지 못합니다. 이제 교회 안에서 이혼은 지극히 개인적인 일로 간주되어 버렸습니다. 실제로 권징을 하기 전에 대부분 다른 교회로 떠나기 때문에 권징도 무의미한 일이 되어 버렸습니다.

이와 같은 회피는 교회를 부실하게 만들고 있습니다. 성도들이 이혼에 관해 막연하게 이해하고 있으니 막연하게 신앙생활을 할 수밖에 없습니다. 결국 말씀과 상관없이 자기의 소견에 옳은 대로 생각하고 가르치고 행동하게 됩니다. 이런 상황이 바뀌지 않는다면 신자의 결혼 생활은 결코 안전할 수 없습니다. 다른 것도 마찬가지지만 이혼에 관해서 이야기할 때도 성경의 가르침에서 시작해야 합니다. 적어도 참된 신자는 그렇게 해야 합니다. 우리가 말씀에서 떠날 때 우리는 이혼한 신자에 대해 보통 두 가지 잘못을 저지르게 됩니다. 하나는 이혼한 신자를 무조건 정죄하는 것이고, 다른 하나는 이혼한 사람을 무조건 불쌍히 여기는 것입니다. 전자는 이혼한 신자에게 큰 상처를 주게 되고, 후자는 교회가 이혼을 너무 쉽게 용납하게 만듭니다. 물론 그들에 대한 돌봄과 치유도 필요하지만 어디까지나 성경의 교훈 안에서 이루어져야 합니다.

아쉽게도 오늘날 이혼을 감성적으로 접근하는 것을 자주 보게 됩니다. 가장 큰 이유는 예전과 달리 교회 안에 이혼한 사람들이 늘고 있기 때문입니다. 예전과 달리 이혼한 자들에 대한 권징보다는 이혼한 사람을 치유하는 데 더 관심을 가집니다. 하지만, 치유를 하더라도 이혼은 죄라는 것을 명백하게 인식한 상태에서 치유와 회복이 이루어져야 합니다. 그리고 그 치유의 회복은 하나님의 말씀 안에서 이루어져야 합니다. 특별히 재혼을 이혼에 대한 해결책으로 제시하는 것은 하나님의 말씀을 벗어나는 것임을 모든 교회가 명심해야 합니다.

이제 이혼과 재혼에 대한 성경의 가르침을 살펴봅시다. 고린도전서 7장 10절과 11절은 이혼과 재혼에 대한 가장 분명한 가르침입니다. 따라서 이혼에 대한 모든 논의는 일단 여기에서 시작해야 합니다. 하지만 놀랍게도 이 구절은 많은 신자에게 거의 알려지지 않았습니다. 심지어 이런 구절이 있는지도 모르는 목사들도 저는 많이 만났습니다. 알고는 있지만 그 정확한 의미를 제대로 아는 경우는 더 드물었습니다. 결혼에 대해서도 성도들에게 가르쳐야 하듯이 이혼에 대해서도 교회는 분명하게 가르쳐야 합니다. 이혼에 대한 이해와 결혼에 대한 이해는 서로 밀접하게 연결되어 있습니다. 이혼을 잘 이해하면 결혼의 의미도 더 선명하게 이해할 수 있습니다.

결혼한 자들에게 명하노니

고린도전서 7장 10절은 "결혼한 자들에게 내가 명하노니"라고 시작하고 있습니다. 따라서 이 말씀의 대상은 일차적으로 결혼한 신자들입니다. 그런데 그 이후에 나오는 내용을 묵상해 보면 이 말씀은 특별히 결혼한 신자들 중에서 이혼을 고려하고 있는 신자들에게 주어진 말씀이라는 것을 유추할 수 있습니다. 그 당시 사람들은 일반적으로 결혼을 소중하게 생각하지 않았기 때문에 이혼도 아주 가볍게 생각하고 있었습니다. 하나님께서는 그런 문화 속에서 살고 있던 사람들을 부르셔서 당신의 거룩한 백성으로 삼으셨습니다. 만약에 하나님의 말씀이 없었다면 그들도 이방인처럼 쉽게 이혼하고 마음에 드는 사람과 다시 재혼하면서 살았을 것입니다.

우리는 바울이 이혼에 관한 교훈을 명령의 형태로 전달하고 있다는 것과 그 명령을 예수님의 권위에 호소하고 있다는 것을 주목할 필요가 있습니다. "명하는 자는 내가 아니요 주시라." 이 말씀에는 두 가지 의미가 있습니다. 하나는 이 말씀이 그만큼 중요하다는 의미입니다. 그렇지 않다면 바울은 불필요하게 주님의 권위에 호소할 필요가 없었을 것입니다. 다른 하나는 이 말을 함으로써 사도 바울은 예수님의 가르침과 자신의 가르침이 다르지 않다는 것을 확언하였다는 것입니다. 이 점에서 오늘날 예수님의 가르침과 바울의 가르침을 분리하려는 모든 시도는 근본적으로 잘못되었다는 것을 우리는 기억해야 합니다. 바울은 예수님께 직접 이방인을 위한 사도로 선택을 받았습니다. 사도, 즉 보내심을 받은 자가 해야 할 일은 보내신 자의 메시지를 그대로 전달하는 것입니다. 바울은 부활하신 주님으로부터 직접 계시를 여러 번 받았습니다. 그중에 대표적인 것이 성찬에 관한 말씀입니다. 고린도전서 11장 23절에 보면 "내가 너희에게 전한 것은 주께 받은 것이니"라고 시작하고 있습니다. 성찬에 대한 교훈과 마찬가지로 바울 사도는 결혼에 대해서도 아주 중요한 가르침을 주님으로부터 직접 받았습니다.

신실한 예수님의 종으로서 바울 사도는 결혼한 자들에게 주님께서 가르치신 교훈을 다시 한번 확인합니다. "갈라서지 말라!" 우리가 잘 알듯이 예수님도 "하나님이 짝지어 주신 것을 사람이 나누지 못할지니라."라고 말씀하시면서 두 남녀의 분리가 불가능함을 가르치셨습니다. 하지만 예수님께서 결혼에 대한 모든 교훈을 제자들에게 다 가르친 것은 아닙니다. 특별히 결혼한 자들이 갈라선 경우에 어떻게 해야 할지에 대해서는 충분한 말씀을 하지 않았습니다. 또한 이방인들이 신자 아내를 버리고 떠나 버릴 때는 어떻게 할 것인지에 대해서도 분명한 지침을 주지 않았습니다. 바로 여기에 대한 가르침이 7장에 자세히 나타나 있습니다.

만약에 고린도전서 7장의 가르침이 없었다면 신자들은 예수님의 말씀을 자기가 좋아하는 대로 해석했을지도 모릅니다. 어떤 신자들은 "이왕 나누어졌으니 그냥 다른 배우자와 새 출발 하는 것이 좋다."라고 생각할 수 있을 것입니다. 어떤 이들은 "예수님께서는 부부가 나뉘는 것이 불가능하다고 하셨으니 남편이 여자를 버리고 떠나면 그 남편을 찾아서 무조건 결혼 생활을 지속해야 한다."라고 주장할 수도 있었을 것입니다. 오늘 본문은 이런 모든 문제에 대해서 가장 기본적인 신앙의 원리를 제시하고 있습니다.

갈라서지 말라

먼저 첫 번째 명령에 대해 한번 생각해 봅시다. "갈라서지 말라"라는 명령은 많은 결혼이 나눔의 위험 속에 놓여 있다는 것을 의미합니다. 실제로 많은 사람이 하나님께서 짝지어 주신 것을 나누고 있습니다. 그들은 여러 가지 이유에서 나눕니다. 그리고 나누는 이유가 정당하다고 생각합니다. 요즘에는 합의만 하면 얼마든지 이혼이 가능한 시대가 되었습니다. 심지어 만날 지지고 볶고 싸우기보다는 "차라리" 헤어지는 것이 더 좋다고 생각합니다. 그렇습니다. 하나님은 나누지 말라고 하는데 사람들이 나누는 이유는 나누는 것이 더 좋다고 생각하기 때문입니다. 적어도 차선 혹은 차악이라고 생각합니다.

여기서 우리는 결혼의 목적에 대해서 생각해 볼 필요가 있습니다. 만약 결혼의 목적이 두 사람의 행복이라면, 결혼이 행복에 방해가 될 때는 얼마든지 이혼할 수 있을 것입니다. 아내는 박사학위를 취득하여 좋은 직장을 가져서 자신의 비전과 꿈을 이루려고 하고, 남편은 아이를 가지고 단란한 가정을 이루어 소박하게 사는 것이 꿈이라면, 그리고 둘 중에 어느 하나가 결코 포기할 수 없다면 어떻게 해야 할까요? 대부분의 사람은 이혼이 답이라고 생각하고 이런 생각은 실제로 이혼으로 이어집니다. 결혼의 하나됨을 지키는 것보다 다른 것이 우선될 때 결혼은 절대적 가치를 상실하게 됩니다.

많은 사람은 또한 "불가피한 경우"에는 나눌 수 있다고 생각합니다. 여러 가지 경우를 많이 생각해 볼 수 있겠지요. 폭력이 심한 경우, 도박이 심한 경우, 알코올 중독자인 경우, 정신병이 걸린 경우, 엄청난 빚을 졌을 경우 등등. 사실 당해 보지 않으면 도저히 견딜 수 없는 고통이 당사자들에게 수반될 것입니다. 그러나 우리는 예수님께서 불가피한 경우를 "음행의 연고" 하나로 제한시킨 것을 잘 알고 있습니다. 따라서 비록 힘들어도 우리는 주의 말씀에 순종해야 한다는 태도를 가져야 할 것입니다. 다시 말씀드리지만 "갈라서지 말라"는 결혼한 자들을 향한 명령입니다. 이 명령은 특별히 이혼을 고려하는 결혼한 사람들을 향한 것이라고 할 수 있습니다.

여기서 우리는 "하나됨" 그 자체가 결혼의 목표라는 것을 알 수 있습니다. 인간의 행복이 결혼의 궁극적 목표가 되어서는 안 된다는 것을 기억할 필요가 있습니다. 결혼의 하나됨은 하나님께서 주신 선물임과 동시에 사명과 목적입니다. "왜 내가 결혼했는가?"라는 질문에 대해서 "하나됨" 그 자체가 결혼의 이유라는 것을 신자들은 늘 기억해야 합니다. 결혼을 나눌 수 있다고 생각하는 것과 나눌 수 없다고 생각하는 것은 엄청난 차이를 가져오게 됩니다. 나눌 수 없다고 생각하면 어떻게 하든지 하나됨 안에서 문제를 해결하려고 하지만 나눌 수 있다고 생각하면 이혼으로 가는 길은 결국 시간문제일 뿐입니다.

"갈라서지 말라"는 말이 신혼부부와 이혼서류를 앞에 둔 부부에게 동일한 하나님의 말씀이 될 수 있을까요? 하나님의 말씀이 상황에 따라 달라져서는 안 될 것입니다. 이혼하려고 하는 부부는 적어도 결혼식에서는 "나누지 못할지니라"는 주님의 말에 "아멘"으로 고백한 사람들입니다. 하나님과의 약속을 어기는 것은 어떤 경우에도 정당화될 수 없으며 이혼에 대한 모든 논의는 "갈라서지 말라"는 주님의 뜻 안에서 이루어져야 합니다.

만일 갈라섰으면

바울 사도는 "갈라서지 말라"라고 명령하고 나서 바로 이어서 "갈라섰으면"이라고 말하고 있습니다. 이것은 결혼이 어떤 이유로 나뉠 수 있다는 것을 가정합니다. 아쉽게도 나뉘는 이유에 대해서 바울 사도는 명백하게 언급하지 않습니다. 언급하지 않아도 자신의 편지를 읽는 고린도 교회의 성도들이 그 이유를 다 알고 있었기 때문일 것입니다. 여기서 다시 한번 주의해야 하는 것은 바울 사도가 이 명령을 주의 명령이라고 강조했다는 사실입니다. 사도 바울의 명령이 주님께서 직접 하시는 명령이라면 갈리는 이유는 음행이라고 볼 수밖에 없습니다.

　주님께서는 음행의 경우에만 이혼을 허락하셨습니다. 여기서 허락이라는 단어가 중요합니다. 허락은 명령과 다릅니다. 음행인 경우라도 하나됨의 명령은 취소되지 않습니다. 그 경우에도 참된 신자들은 결혼의 하나됨을 지켜야 합니다. 하지만 하나님은 음행인 경우에는 이혼을 허락하셨는데, 다른 죄와 달리 음행은 결혼의 본질을 공격하여 결혼을 더 이상 불가능하게 만드는 죄이기 때문입니다. 하나됨을 지키고 싶지만 그것을 도저히 할 수 없는 상황이기 때문에 우리 주님은 이혼을 허용하신 것입니다. 따라서 어떤 경우에도 목회자들은 "이혼하세요!"라는 명령을 해서는 안 됩니다. 그것은 주님께서 정하신 규범을 넘어서는 것입니다.

　이렇게 음행의 경우에 갈라선 경우에는 어떻게 해야 할까요? 사도 바울을 통한 주님의 뜻은 아주 분명합니다. "그대로 지내든지, 다시 그 남편과 화합하라." 이혼하고 나서 신자가 해야 할 첫 번째 일은 그냥 지내는 것, 즉 독신으로 지내는 것입니다. 이것은 세속적 사고방식과 성경의 가르침이 얼마나 상충하는지를 그대로 보여 주고 있습니다. 세상 사람들은 이혼한 사람들에게 "괜찮은 사람"을 소개해 주려고 합니다. 이혼이 결혼의 끝이라고 생각하면서 이혼은 새 출발을 할 수 있는 허가증이라고 생각합니다.

　성경은 여기에 대해서 무엇이라고 말씀하고 있습니까? 갈라섰다면 그대로 지내라고 명령하고 있습니다. 왜 독신으로 지내라고 명하고 있을까요? 다른 사람 만나서 새 출발을 하는 것보다 그냥 혼자 사는 것이 더 행복하기 때문일까요? 그렇지 않습니다. 여기서 우리는 결혼의 하나 됨 그 자체가 결혼의 목적이라는 것을 다시 한번 상기할 필요가 있습니다. "갈라서지 말라"는 명령은 이혼하더라도 두 사람의 하나됨이 여전이 유효하다는 것을 말해 줍니다. 이혼은 결혼의 마지막이 아니며 이혼이 실제로 두 사람을 영구적으로 나누는 것도 아닙니다.

갈라섰다면 독신으로 지내라는 주님의 명령은 결혼의 하나됨이 이혼 이후에도 여전히 유효하다는 것을 가르치고 있습니다. 이혼은 법적인 분리를 의미하지 실제적인 분리를 의미하지 않습니다. 하나님께서 하나로 연합하게 하신 것을 인간들의 이혼 도장이 나눌 수 없습니다. 하나님께서는 잠깐 떨어져 있는 것을 허락하신 것이지, 그 부부를 완전히 나눈 것이 아닙니다. 신자의 결혼 생활에서 "이혼하면 남"이라는 사상은 들어설 자리가 없습니다. 이혼하더라도 그 자녀들에게는 여전히 아버지와 어머니인 것처럼 부부도 서로 여전히 하나님 보시기에 남편과 아내입니다.

바울 사도는 더 나아가서 가능하다면 전 남편과 화합해야 한다고 가르치고 있습니다. 이 명령이야말로 이혼은 결혼이 끝이 아니며 결혼의 하나됨이 이혼한 사람들에게도 여전히 유효하다는 것을 확실히 가르쳐 줍니다. 만약 그렇지 않다면 사도바울이 신자들에게 다시 전 남편과 화합하라고 명할 이유가 없기 때문입니다. 이혼은 두 사람을 완전히 나누는 것이 아니라 하나됨에 큰 손상을 주는 것일 뿐입니다. 그러므로 이혼을 하더라도 신자는 독신으로 기다리면서 그 상처를 치유하도록 노력해야 합니다.

이혼이 준 상처는 다른 사람을 만남으로써 치유되지 않습니다. 먼저 독신으로 지내면서 치유를 받아야 합니다. 이제는 정말 주님을 자신의 남편으로 모시고 살아가야 하는 것입니다. 그러는 동안에 주님께서 회복시켜 주실 것입니다. 남편도 하나님께서 돌이키실 수도 있습니다. 물론 그렇지 않을 경우도 있겠지만 끝까지 인내하면서 다시 하나됨을 위해 기다리는 것이 신자의 삶이어야 합니다.

만약에 하나님께서 은혜를 베푸셔서 그냥 지내는 동안 두 사람의 관계가 충분히 회복되었다면 다시 서로 합하는 것이 하나님의 뜻입니다. 그렇다면 이혼이란 결혼의 끝이 아니라 회복을 위한 새로운 시작이라고 할 수 있습니다. 따라서 이혼한 사람들에게 필요한 것은 성령님의 놀라운 은혜라고 할 수 있습니다. 쉽게 말하자면 이혼한 사람들에게 필요한 것은 "원수 사랑"이라고 할 수 있습니다. 이 능력은 사람에게서 나오지 않고 오직 하나님에게서만 나옵니다. 당연히 교회는 이들을 보호해야 하고 순결한 삶을 살도록 도와주어야 합니다.

혹 믿지 아니하는 자가 갈리거든

사도 바울은 이어서 예수님께서 다루시지 않은 또 하나의 주제를 다룹니다. 불신 배우자가 믿음의 배우자를 버리고 떠나는 경우입니다.

> 혹 믿지 아니하는 자가 갈리거든 갈리게 하라. 형제나 자매나 이런
> 일에 구애될 것이 없느니라. 그러나 하나님은 화평 중에서 너희를
> 부르셨느니라. | 고전 7:15 |

이 구절을 가지고 불신자와도 결혼할 수 있다고 주장하는 이들이 많은데 그것은 성경을 완전히 잘못 이해하는 것입니다. 여기에 대한 성경의 가르침은 아주 분명합니다. "너희는 믿지 않는 자와 멍에를 함께 메지 말라"(고후 6:14). 여기서 문제가 된 것은 신자와 불신자의 결혼이 아니라, 원래 모두 불신자였다가 결혼했는데 그 후에 한 명만 복음을 받아들였을 때 일어난 경우입니다.

그 당시에는 아내가 다른 종교를 가지게 되면 남편이 아내를 버리는 일이 흔하게 일어났습니다. 이런 일은 그 당시 고린도 교회뿐만 아니라 다른 교회에서도 종종 일어났던 일이었습니다. 만약 그런 일이 믿음을 가진 아내들에게 실제로 일어나면 어떻게 해야 할까요? 만약 예수님의 가르침을 문자 그대로 따라야 한다면 그 여자는 부부의 하나됨을 지키기 위해 자신을 버린 남편에게 계속 매달려야 할 것입니다. 사도 바울은

여기에서 그렇게까지 할 필요는 없다고 말합니다.

이 구절 역시 오랫동안 논쟁이 되었던 구절입니다. 앞에서 보았듯이 예수님은 오직 음행만 이혼의 정당한 사유로 인정했는데 바울 사도는 하나를 더 첨가한 것처럼 보입니다. 만약 사도 바울이 이런 특권을 가지고 있었다면 다른 사도들도 그런 특권을 가지고 있지는 않았을까요? 여기에 대해서 긍정적으로 대답을 하게 되면 음행만을 유일한 이혼 사유로 보는 예수님의 가르침이 심각하게 약화될 수밖에 없을 것입니다. 여기서 우리가 주목하는 것은 믿음의 여인에게 이혼해도 된다고 가르치는 것이 아니라는 점입니다. 믿지 아니하는 자가 믿음의 여자를 버리고 떠난다면 굳이 막을 필요가 없다는 것입니다. 따라서 신자가 먼저 이혼을 할 수 있는 경우는 배우자의 음행뿐입니다.

아마도 독자 여러분은 이 여자가 남편을 떠나보낸 다음 어떻게 살아야 하는가에 대해 질문하실 것입니다. 여기서 우리는 말씀의 범위를 넘어가지 않도록 조심해야 합니다. 사도 바울은 이 여인에게 남편을 떠나가게 하라는 것까지만 허용했을 뿐입니다. 남편이 떠나 이제 자유롭게 되었으므로 다른 남자를 만나 결혼해도 된다고 생각하는 것은 성경의 가르침을 넘어가는 것입니다. 여기에 대해서는 이미 바로 앞에서 사도 바울이 다 가르쳤습니다. 따라서 이 구절도 "그대로 지내든지, 다시 그 남편과 화합하라"는 대원리에 기초하여 해석해야 할 것입니다.

아쉽게도 웨스트민스터 신앙고백이 음행과 고의적 유기의 경우에 이

혼뿐만 아니라 재혼도 허락했다는 것은 잘 알려진 사실입니다.

> 약혼 후에 범한 간음이나 사통이 결혼 전에 발각되면 아무 잘못이
> 없는 약혼자는 약혼을 파기할 수 있는 정당한 이유를 갖게 된다. 결
> 혼 후에 간음하여 발각된 경우, 아무 잘못이 없는 배우자는 이혼을
> 청구할 수 있으며, 이혼한 뒤에는 잘못한 배우자가 죽은 것처럼 여
> 기고 다른 사람과 결혼할 수 있다. | 24장 5항 |

그런데 웨스트민스터 신앙고백의 작성자들은 "하나님이 짝지어 주신 것
을 사람이 나누지 못할지니라"는 대원칙을 잘 알고 있었습니다. 결혼은
하나님만이 나눌 수 있으며, 그 방법은 오직 죽음뿐이라는 것도 잘 알
고 있었습니다. 신앙고백의 작성자들은 이 두 가지를 결합하면서 해결
을 보았습니다. 음행을 범하거나 배우자를 고의로 유기하는 자는 죽은
자와 마찬가지로 보아야 하고, 그렇다면 재혼이 합법이 될 수 있다고 본
것입니다. 신앙고백 작성자들이 이 문제에 대해서 아주 치밀하게 성경
을 탐구하였던 것은 분명하지만 과연 이런 추론들이 성경의 지지를 받
을 수 있을지는 의문입니다.

결론

"그대로 지내든지, 다시 그 남편과 화합하든지 하라"는 명령은 누가 보

아도 지키기 힘든 명령일 수밖에 없습니다. 그런데 그렇다고 "좋은 사람" 만나서 결혼하는 것이 답이 될 수 있을까요? 과연 그 결혼이 행복한 결혼이 된다는 보장을 어떻게 할 수 있을까요? 사별 이외의 재혼은 전 남편과 화합하라는 주의 명령을 사실상 무력화시키기 때문에 교회가 받아들여서는 안 됩니다. 영화에서는 재혼이 해피엔딩으로 끝나지만 실제로는 그 반대의 경우가 훨씬 많다는 것도 잊어서는 안 됩니다.

오늘날 결혼이 위협받는 가장 큰 이유는 결혼의 하나됨을 가볍게 생각하기 때문입니다. 저는 결혼과 이혼에 대한 성경적 가르침을 특히 결혼을 앞둔 청년들에게 부지런히 가르쳐야 한다고 확신합니다. 이런 가르침을 배우게 될 때 청년들은 자신들의 결혼을 아주 소중하게 생각하고 결혼의 하나됨을 굳건하게 지켜나가게 될 것입니다. 타락 이후 결혼도 항상 위험에 처하게 되었습니다. 사랑이 식고 서로 오해하게 되면 심각하게 다툴 수 있습니다. 그러나 아무리 부부 싸움을 크게, 많이 하더라도 절대 넘지 말아야 할 선이 있다는 것을 분명하게 인식해야 합니다. 부부는 죽음 외에는 어떤 경우에도 나뉠 수 없습니다.

결혼한 자들에게 내가 명하노니

펴 낸 날 2020년 3월 15일 초판 1쇄

지 은 이 이성호
펴 낸 이 한재술
펴 낸 곳 그 책의 사람들

디 자 인 참디자인(이정희)

판   권 ⓒ 이성호, **그 책의 사람들** 2020, *Printed in Korea.*
저작권법에 따라 한국 내에서 보호를 받는 저작물이므로
무단 전재와 복제를 금합니다.

주   소 경기도 안성시 공도읍 공도로 150, 107동 1502호
팩   스 0505-299-1710
카   페 cafe.naver.com/thepeopleofthebook
메   일 tpotbook@naver.com
등   록 2011년 7월 18일 (제251- 2011- 44호)
인   쇄 불꽃피앤피

책   값 10,000원
I S B N 979-11-85248-32-5   03230

이 도서의 국립중앙도서관 출판시도서목록(CIP)은
서지정보유통지원시스템 홈페이지(http://seoji.nl.go.kr)와
국가자료공동목록시스템(http://kolis-net.nl.go.kr)에서 이용하실 수 있습니다.
(CIP제어번호 : CIP2020009403)

· 이 책은 출판 회원분들의 섬김으로 만들어졌습니다.
· 본 저서는 고려신학대학원의 교내연구비를 지원받아 작성되었습니다.